资产评估机构
从事证券服务业务
合规手册

中国证监会会计部
中国资产评估协会 编写

中国财经出版传媒集团
中国财政经济出版社

图书在版编目（CIP）数据

资产评估机构从事证券服务业务合规手册 / 中国证监会会计部，中国资产评估协会编写. -- 北京：中国财政经济出版社，2022.7

ISBN 978 -7 -5223 -1498 -3

Ⅰ.①资… Ⅱ.①中… ②中… Ⅲ.①证券业务－中国－手册 Ⅳ.①F832.51 -62

中国版本图书馆 CIP 数据核字（2022）第 105037 号

责任编辑：张晓彪　　责任印制：刘春年
封面设计：陈宇琰　　责任校对：徐艳丽

资产评估机构从事证券服务业务合规手册
ZICHAN PINGGU JIGOU CONGSHI ZHENGQUAN FUWU YEWU HEGUI SHOUCE

中国财政经济出版社 出版

URL：http：//www.cfeph.cn
E - mail：cfeph@cfeph.cn

社址：北京市海淀区阜成路甲 28 号　邮政编码：100142
营销中心电话：010 -88191522
天猫网店：中国财政经济出版社旗舰店
网址：https：//zgczjjcbs.tmall.com
北京时捷印刷有限公司印刷　各地新华书店经销
成品尺寸：165mm×240mm　16 开　15 印张　180 000 字
2022 年 7 月第 1 版　2022 年 7 月北京第 1 次印刷
定价：68.00 元
ISBN 978 -7 -5223 -1498 -3
（图书出现印装问题，本社负责调换，电话：010 -88190548）
本社质量投诉电话：010 -88190744
打击盗版举报热线：010 -88191661　QQ：2242791300

前　言

资本市场是以高质量信息披露为基础的市场。资产评估机构作为独立的第三方专业机构，能够为上市公司等市场主体提供独立、客观的价值信息和公允的价值尺度，为提高资本市场信息披露质量、保护投资者合法权益、发挥资本市场优化资源配置功能等提供基础保障，是资本市场的重要“看门人”之一。

2020 年 3 月 1 日，新《证券法》正式实施，资产评估机构从事证券服务业务由审批制改为备案制。从事证券服务业务的资格放开，为更多资产评估机构进入资本市场执业提供了机遇。此举意在发挥市场机制，激发市场活力，优化市场生态，充分发挥市场自主调节和自动比对作用，通过市场声誉和责任约束机制，促进证券评估市场成熟完善，形成“有进有出”“优胜劣汰”的良性市场生态。截至 2022 年 5 月 31 日，共有 248 家资产评估机构在证券评估市场执业，其中 179 家为此前未从事过证券服务业务的资产评估机构，占比达 72.2%。

与此同时，资本市场处于各方利益交汇的中心，业务模式复杂多变，执业风险相对较高，特别是注册制改革下，对资产评估机构等中介机构的责任要求和能力要求与日俱增，《证券法》《刑法修正案（十一）》等法律的修订出台也进一步压实了资产评估机构资本市场“看门人”的法律职责，加大了行政责任、民事责任和刑事责任的追究力度，大幅提高了资产评估机构未勤勉尽责的违法违规成本。

近年来，个别资产评估机构因违法违规行为被立案调查、行政处罚，严重影响行业声誉，也给拟进入证券评估市场的资产评估机构敲响了警钟。为加强对资产评估机构从事证券服务业务的警示和指引，帮助新备案或拟进入证券评估市场的资产评估机构了解其在内部管理和承接相关证券业务时应履行的责任和义务、应当承担的业务风险和法律风险，引导其增强合规意识、规范执业行为，中国证监会会计部会同中国资产评估协会组织有关行业专家编写了《资产评估机构从事证券服务业务合规手册》（以下简称《合规手册》），阐明了证券评估市场执业的总体原则，概述了有关监管体系框架，介绍了从事证券服务业务的有关特别规定和质量管理要求，列举了违反证券评估市场有关规定的法律责任和相关案例。希望通过本手册为资产评估机构从事证券服务业务提供有益指导和借鉴，也要求进入资本市场执业的资产评估机构树立“质量为先”的发展理念，强化风险评估，承接与自身专业胜任能力相匹配的证券服务业务，严格遵守执业准则，恪守职业道德，勤勉尽责，公正执业，共同维护资本市场规范、有序发展。

在《合规手册》编写过程中，北京中企华资产评估有限责任公司、中联资产评估集团有限公司、安永资产评估（上海）有限公司承担了大量基础性工作，在此一并表示感谢！《合规手册》相关内容基于网站公开信息整理，部分法律法规可能已修订或正在更新，我们将在后续适时予以更新。由于编写时间较紧，相关内容难免存在错误和疏漏，在执行中请以相关部门正式文件为准。

目　　录

1. 总体原则

证券市场是充分竞争、信息高度公开透明的市场。证券市场各参与方必须严格遵守法律法规，严格遵循证券市场的基本原则。资产评估机构是证券市场众多证券服务机构之一，在保障上市公司等市场主体信息披露质量中发挥着重要作用，是证券市场的重要“看门人”之一。资产评估机构从事证券服务业务应当遵循证券市场的基本原则，接受证券监督管理机构等相关部门的监督管理。

原则 1：公开、公平、公正

根据《证券法》的规定，证券的发行、交易活动，必须遵循公开、公平、公正的原则。

来源：

《证券法》第三条。

原则 2：自愿、有偿、诚实信用

证券市场各方具有平等的法律地位，应当遵循自愿、有偿、诚实信用的原则。

来源：

《证券法》第四条。

原则 3：禁止欺诈、内幕交易和操纵证券市场的行为

证券市场各方必须遵守法律、行政法规，禁止欺诈、内幕交易和操纵证券市场的行为。

来源：

《证券法》第五条。

原则4：勤勉尽责、恪尽职守

会计师事务所、律师事务所以及从事证券投资咨询、资产评估、资信评级、财务顾问、信息技术系统服务的机构均属于证券服务机构。证券服务机构从事证券服务业务，应当勤勉尽责、恪尽职守，按照相关业务规则为证券的发行、上市、挂牌、交易及其他相关活动提供服务。

来源：

《证券法》第一百六十条。

2. 监管框架

证监会、财政部依据《证券法》《资产评估法》等对资产评估机构从事证券服务业务实施行政监督管理，证券交易场所、中国资产评估协会（简称中评协）等自律组织，分别在证监会和财政部的监督和指导下，依据法律法规、自律组织章程、业务规则、评估准则等，对资产评估机构从事证券服务业务实施自律管理。

2.1 证券评估市场行政监管

2.1.1 监管体系

2.1.1.1 证监会监管体系

证监会依照法律法规和国务院授权，对资产评估机构从事证券服务业务实行监督管理。证监会会计部、各派出机构、会内相关部门等共同构建了包括备案管理、日常监管、监督检查、稽查执法等在内的资产评估机构从事证券服务业务综合监管体系。其中，证监会会计部作为证券市场评估监管的主管部门，负责统筹规划、组织协调、督促指导全系统评估监管工作，制定并解释相关监管制度与规则，组织开展监督检查等工作，依法对资产评估机构采取监管措施，建立完善监管信息系统等；各派出机构受证监会垂直领导，负责辖区一线评估监管工作，对辖区内从事证券服务业务的资产评估机构进行监督管理，根据实际情况和有关安排开展对资产评估机构的备案管理、监督检查、执法调查等工作，依法对资产评估机构采取处理处罚措施；会内相关部门包括发行部、公众公司部、上市部、债券部、稽查局、稽查总队、行政处罚委等部门，根据各自监管职责，开展涉及相应业务条线的评估监管工作，其中稽查部门负责统筹评估违法违规行为的立案和调查，行政处罚委负责统筹审理调查完毕的案件，拟定行政处罚意见。

在综合监管体系下，证监会各部门、各派出机构各司其职，分工协作，确保对资产评估机构的日常监管、线索发现、检查调查、审理处罚等监管顺畅高效。如图 2－1 所示。

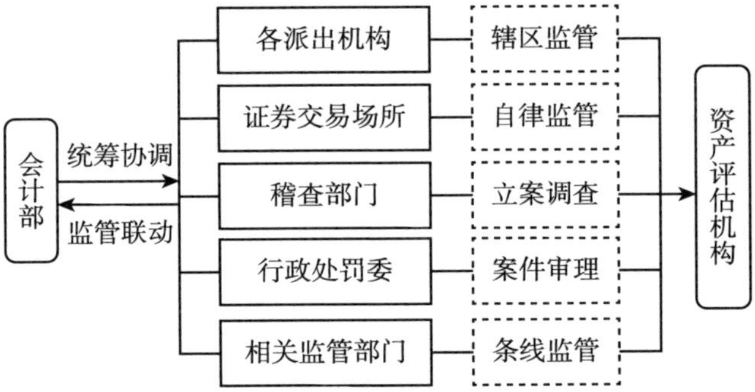

图 2－1　证监会监管流程图

2.1.1.2　财政部监管体系

财政部负责全国资产评估行业的行政管理。财政部依照法律法规要求，制定有关监督管理办法和资产评估基本准则，对资产评估机构从事证券服务业务实施监督管理，并负责监督检查资产评估机构从事证券服务业务情况。其中，资产管理司承担资产评估管理有关工作，监督评价局承担监督检查资产评估行业执业质量有关工作。财政部监督评价局与中评协建立了资产评估行业联合监管工作机制，将财政部门的行政监管和行业自律监管有机结合。在对从事证券服务业务的资产评估机构开展年度执业质量联合检查时，财政部监督评价局和中评协对检查发现的问题进行联合审理，并分别作出行政处罚和行业自律惩戒，实行“一查双罚”。

2.1.2 近五年处理处罚情况

2.1.2.1 证监会处理处罚情况

近年来，证监会坚持“建制度、不干预、零容忍”的方针，不断加强事中事后监管，加大监督检查和稽查执法力度，从严打击评估违法违规行为，净化证券评估市场生态。2017 年，证券监管部门对 2 家资产评估机构及其资产评估师进行了 2 家次、5 人次的行政处罚；2018 年，证券监管部门对 4 家资产评估机构及其资产评估师进行了 4 家次、11 人次的行政处罚；2019 年，证券监管部门对 3 家资产评估机构及其资产评估师进行了 3 家次、8 人次的行政处罚；2021 年，证券监管部门对 2 家资产评估机构及其资产评估师进行了 2 家次、4 人次的行政处罚。除行政处罚外，2017 年至 2021 年，证券监管部门还对资产评估机构及资产评估师采取了责令改正、监管谈话、出具警示函等行政监管措施，具体情况如图 2－2 所示。

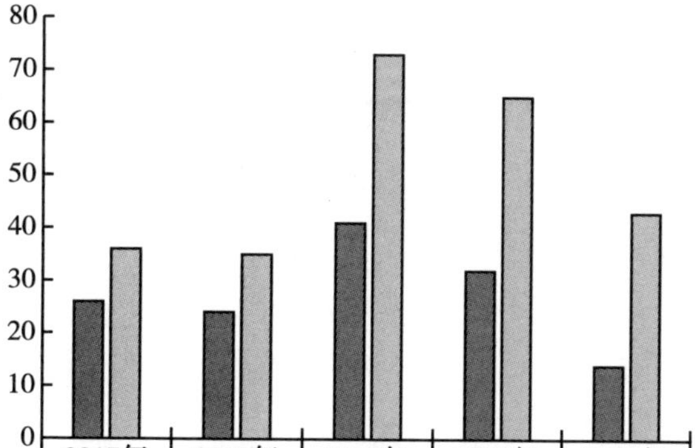

	2017年	2018年	2019年	2020年	2021年
■资产评估机构（家次）	26	24	41	32	14
□资产评估师（人次）	36	35	73	65	43

图 2－2　2017—2021 年证券监管部门采取行政监管措施情况

2.1.2.2 财政部处理处罚情况

按照"双随机、一公开"的要求，2019 年，财政部监督评价局、中评协在共同协商的基础上，采取随机的方式分别抽选 10 家和 5 家从事证券服务业务的资产评估机构进行监督检查，并组织 28 家监管局对从事证券服务业务的资产评估机构开展专项检查；2020 年，在排除 2018 年以来接受证监会、财政部和中评协全面检查的资产评估机构后，随机抽选了 2 家从事证券服务业务的资产评估机构开展行政检查，并公告 2019 年行政检查结果，对 1 家资产评估机构及其 1 名资产评估师予以行政处罚；2021 年，财政部监督评价局、中国资产评估协会建立实施资产评估行业联合监管工作机制，财政部监督评价局和中评协首次对 15 家从事证券服务业务的资产评估机构开展联合检查。

2.2 证券评估市场自律监管

2.2.1 监管体系

2.2.1.1 证券交易场所监管体系

证券交易场所包括上海证券交易所（简称上交所）、深圳证券交易所（简称深交所）、北京证券交易所（简称北交所）、全国中小企业股份转让系统（简称股转系统），受证监会监督和管理，以《证券法》等法律法规为核心，以证监会发布的规章制度为框架，通过不断完善自律规则等，对资产评估机构为证券发行、上市、挂牌、重大资产重组、资产交易等提供服务的行为进行自律监管。证券交易场所已初步形成包含发行上市（挂牌）、持续监管、退市监管在内的资本市场"全链条"资产评估监管体系。由公司监管部门和评估监管部门分工协作，以问询函、风险提示函、约谈等方式开展资产评估监管；对于涉及监管措施和纪律处分的重大事项，提交纪律处分委员会表决，并据结果实施自律监管措施和纪律处分。

2.2.1.2 中评协监管体系

中评协接受财政部的业务指导、监督，承担着《资产评估法》赋予的法定职责和协会章程赋予的行业自律管理职责，通过建立和完善行业自律监管体制机制，制定资产评估执业准则和职业道德准则并组织实施，对资产评估机构和资产评估专业人员执业行为予以规范，并定期对从事证券服务业务的资产评估机构出具的资产评估报告进行检查。对自律检查中发现的问题，由中评协惩戒委员会审议，根据自律监管规定对相关资产评估机构和资产评估专业人员进行自律惩戒。

2.2.2 近五年监管情况

2.2.2.1 证券交易场所监管情况

根据自律规则相关规定，证券交易场所对资产评估机构和资产评估师实施的纪律处分主要包括：通报批评、公开谴责、暂不接受证券服务机构提交的文件、暂不接受证券服务机构相关人员签字的文件等；相关监管措施主要包括：口头警示、书面警示、监管谈话、要求限期改正等。以上交所为例，2017 年至 2021 年，对资产评估机构及资产评估师采取纪律处分和自律监管措施总计 8 次，其中 5 次监管警示，2 次通报批评，1 次公开谴责。

2.2.2.2 中评协监管情况

中评协按照“双随机、一公开”的检查原则，定期对从事证券服务业务的资产评估机构执业质量开展自律检查。根据自律监管相关规定，对资产评估机构及资产评估专业人员实施的自律惩戒主要包括：警告、严重警告、通报批评、公开谴责、取消会员资格。2017 年至 2022 年（2020 年未开展检查，故 2021 年没有自律惩戒），中评协对资产评估机构及资产评估师实施行业自律惩戒情况如图 2－3 所示。

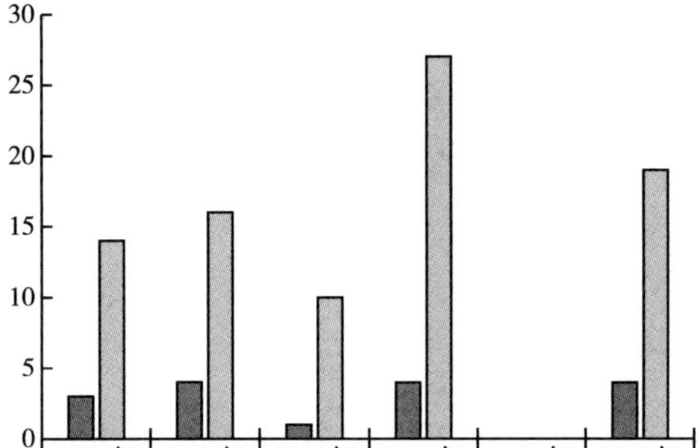

	2017年	2018年	2019年	2020年	2021年	2022年
■资产评估机构（家次）	3	4	1	4		4
□资产评估师（人次）	14	16	10	27		19

图 2－3　2017—2022 年中评协实施行业自律惩戒情况

3. 从事证券服务业务的特别规定

3.1 一般规定

3.1.1 证券评估业务

资产评估机构为证券发行、上市、挂牌、交易的主体及其控制的主体、并购标的等制作、出具资产评估报告，为证券公司及其资产管理产品制作、出具资产评估报告，以及证监会和财政部规定的其他业务，属于证券服务业务。

来源：

《证券服务机构从事证券服务业务备案管理规定》；

《资产评估机构从事证券服务业务备案办法》。

3.1.2 组织形式

从事证券服务业务的资产评估机构应当依法采用合伙或者公司形式。

来源：

《资产评估法》第十五条。

3.1.3 备案要求

资产评估机构从事证券服务业务，应当向证监会和财政部备案，并保证备案信息的真实、准确、完整、及时。资产评估机构从事证券服务业务备案需通过证监会会计师事务所与资产评估机构备案系统或资产评估机构备案信息管理系统填报备案信息，并应进行首次从事证券服务业务备案、重大事项备案、年度备案等。证监会和财政部通过网站等方式公告备案资产评估机构名单及相关基本信息。为资产评估机构从事证券服务业务备案，不代表对其从事证券服务业务执业能力的认可。

来源：

《证券法》第一百六十条；

《证券服务机构从事证券服务业务备案管理规定》；

《资产评估机构从事证券服务业务备案办法》。

3.1.4 勤勉尽责及相关声明

资产评估机构及其资产评估师必须严格遵守法律法规、监管规则、业务规则和行业公认的业务标准和道德规范，诚实守信，勤勉尽责，恪尽职守，保护投资者合法权益，审慎履行职责，作出专业判断与认定，对所依据的文件资料内容的真实性、准确性、完整性进行核查和验证，对招股说明书或其他信息披露文件中与其专业职责有关的内容及其所出具文件的真实性、准确性、完整性负责，对与其专业相关的业务事项履行特别注意义务，对其他业务事项履行普通注意义务，并承担相应法律责任。

3.1.4.1 IPO 评估

为在上交所、深交所 IPO 以及在北交所公开发行股票承担评估业务的资产评估机构通常应在招股说明书正文后作出如下声明：

本机构及签字资产评估师已阅读招股说明书，确认招股说明书与本机构出具的资产评估报告无矛盾之处。本机构及签字资产评估师对发行人在招股说明书中引用的资产评估报告的内容无异议，确认招股说明书不致因上述内容而出现虚假记载、误导性陈述或重大遗漏，并对其真实性、准确性和完整性承担相应的法律责任。

声明应由签字资产评估师及所在资产评估机构负责人签名，并由资产评估机构加盖公章。通常申请文件所有需要签名处，应载明签名字样的印刷体，并由签名人亲笔签名，不得以名章、签名章等代替。

来源：

《首次公开发行股票并上市管理办法》；

《创业板首次公开发行股票注册管理办法（试行）》；

《科创板首次公开发行股票注册管理办法（试行）》；

《北京证券交易所向不特定合格投资者公开发行股票注册管理办法（试行）》；

《公开发行证券的公司信息披露内容与格式准则第 1 号——招股说明书》；

《公开发行证券的公司信息披露内容与格式准则第 9 号——首次公开发行股票并上市申请文件》；

《公开发行证券的公司信息披露内容与格式准则第 28 号——创业板公司招股说明书》；

《公开发行证券的公司信息披露内容与格式准则第 29 号——首次公开发行股票并在创业板上市申请文件》；

《公开发行证券的公司信息披露内容与格式准则第 41 号——科创板公司招股说明书》；

《公开发行证券的公司信息披露内容与格式准则第 42 号——首次公开发行股票并在科创板上市申请文件》；

《公开发行证券的公司信息披露内容与格式准则第 46 号——北京证券交易所公司招股说明书》；

《公开发行证券的公司信息披露内容与格式准则第 47 号——

向不特定合格投资者公开发行股票并在北京证券交易所上市申请文件》。

3.1.4.2 转板上市评估

北交所上市公司向上交所科创板或深交所创业板转板上市的，为转板上市承担评估业务的资产评估机构应在转板上市报告书正文后按规定作出如下声明：

本机构及签字资产评估师已阅读转板上市报告书，确认转板上市报告书与本机构出具的资产评估报告无矛盾之处。本机构及签字资产评估师对转板公司在转板上市报告书中引用的资产评估报告的内容无异议，确认转板上市报告书不致因上述内容而出现虚假记载、误导性陈述或重大遗漏，并对其真实性、准确性、完整性承担相应的法律责任。

声明应由签字资产评估师及所在资产评估机构负责人签名，并由资产评估机构加盖公章。

来源：

《中国证监会关于全国中小企业股份转让系统挂牌公司转板上市的指导意见》；

《北京证券交易所上市公司向上海证券交易所科创板转板办法（试行）》；

《上海证券交易所科创板发行上市审核规则适用指引第3号——转板上市申请文件》；

《上海证券交易所科创板发行上市审核规则适用指引第4号——转板上市报告书内容与格式》；

《深圳证券交易所关于北京证券交易所上市公司向创业板转板办法（试行）》；

《深圳证券交易所创业板发行上市审核业务指引第3号——全国中小企业股份转让系统挂牌公司向创业板转板上市报告书内容与格式》；

《深圳证券交易所创业板发行上市审核业务指引第4号——全国中小企业股份转让系统挂牌公司向创业板转板上市申请文件》。

3.1.4.3　股转系统公开转让评估

为股转系统申请挂牌公司股票公开转让提供评估服务的资产评估机构应在公开转让说明书正文后按规定作出如下声明：

本机构及经办资产评估师已阅读公开转让说明书，确认公开转让说明书与本机构出具的资产评估报告无矛盾之处。本机构及经办人员对申请挂牌公司在公开转让说明书中引用的专业报告的内容无异议，确认公开转让说明书不致因上述内容而出现虚假记载、误导性陈述或重大遗漏，并对其真实性、准确性和完整性承担相应的法律责任。

声明应由经办人员及所在机构负责人签名，并由机构加盖公章。

来源：

《非上市公众公司监督管理办法》；

《全国中小企业股份转让系统公开转让说明书内容与格式指引（试行）》。

3.1.4.4　再融资评估

3.1.4.4.1　上市公司

上市公司再融资主要包括上市公司向不特定合格投资者公开发行股票、向特定对象发行股票、向特定对象发行可转换公司债券和向特定对象发行优先股等。

承担评估业务的资产评估机构通常应在募集说明书正文后作出如下声明：

本机构及签字的资产评估师已阅读募集说明书，确认募集说明书与本机构出具的评估报告不存在矛盾。本机构及签字的资产评估师对发行人在募集说明书中引用的评估报告的内容无异议，确认募集说明书不致因所引用内容出现虚假记载、误导性陈述或重大遗漏，并对其真实性、准确性和完整性承担相应的法律责任。

声明应由签字的资产评估师及单位负责人签名，并由资产评估机构加盖公章。通常上市公司募集说明书所有需要签名处，均应为签名人亲笔签名，不得以名章、签名章等代替。

来源：

《上市公司证券发行管理办法》；

《公开发行证券的公司信息披露内容与格式准则第10号——上市公司公开发行证券申请文件》；

《公开发行证券的公司信息披露内容与格式准则第11号——上市公司公开发行证券募集说明书》；

《上市公司非公开发行股票实施细则》；

《公开发行证券的公司信息披露内容与格式准则第25号——上市公司非公开发行股票预案和发行情况报告书》；

《创业板上市公司证券发行注册管理办法（试行）》；

《公开发行证券的公司信息披露内容与格式准则第35号——创业板上市公司向不特定对象发行证券募集说明书》；

《公开发行证券的公司信息披露内容与格式准则第36号——创业板上市公司向特定对象发行证券募集说明书和发行情况报告书》；

《科创板上市公司证券发行注册管理办法（试行）》；

《公开发行证券的公司信息披露内容与格式准则第43号——科创板上市公司向不特定对象发行证券募集说明书》；

《公开发行证券的公司信息披露内容与格式准则第44号——科创板上市公司向特定对象发行证券募集说明书和发行情况报告书》；

《公开发行证券的公司信息披露内容与格式准则第48号——北京证券交易所上市公司向不特定合格投资者公开发行股票募集说明书》；

《公开发行证券的公司信息披露内容与格式准则第49号——北京证券交易所上市公司向特定对象发行股票募集说明书和发行情况报告书》；

《公开发行证券的公司信息披露内容与格式准则第50号——北京证券交易所上市公司向特定对象发行可转换公司债券募集说明书和发行情况报告书》；

《公开发行证券的公司信息披露内容与格式准则第51号——北京证券交易所上市公司向特定对象发行优先股募集说明书和发行情况报告书》；

《公开发行证券的公司信息披露内容与格式准则第52号——北京证券交易所上市公司发行证券申请文件》。

3.1.4.4.2　非上市公众公司

非上市公众公司再融资主要包括非上市公众公司定向发行股票、定向发行优先股和定向发行可转换公司债券等。

从事证券服务业务的资产评估机构通常应在发行说明书正文后按规定作出如下声明：

本机构及签字资产评估师已阅读发行说明书，确认发行说明书与本机构出具的资产评估报告无矛盾之处。本机构及经办人员对申请人在发行说明书中引用的专业报告的内容无异议，确认发行说明书不致因上述内容而出现虚假记载、误导性陈述或重大遗漏，并对其真实性、准确性和完整性承担相应的法律责任。

声明应由经办人员及所在机构负责人签名，并由机构加盖公章。

来源：

《非上市公众公司信息披露内容与格式准则第3号——定向发行说明书和发行情况报告书》；

《非上市公众公司信息披露内容与格式准则第4号——定向

发行申请文件》;

《非上市公众公司信息披露内容与格式准则第 7 号——定向发行优先股说明书和发行情况报告书》;

《非上市公众公司信息披露内容与格式准则第 8 号——定向发行优先股申请文件》;

《非上市公众公司信息披露内容与格式准则第 18 号——定向发行可转换公司债券说明书和发行情况报告书》;

《非上市公众公司信息披露内容与格式准则第 19 号——定向发行可转换公司债券发行申请文件》。

3.1.4.5 重大资产重组评估

3.1.4.5.1 上市公司

为上市公司重大资产重组提供服务的资产评估机构通常应在重组报告书正文后作出如下声明:

本机构及签字资产评估师已阅读重大资产重组报告书，确认重大资产重组报告书与本机构出具的资产评估报告无矛盾之处。本机构及经办人员对上市公司在重大资产重组报告书中引用的专业报告的内容无异议，确认重大资产重组报告书不致因上述内容而出现虚假记载、误导性陈述或重大遗漏，并对其真实性、准确性和完整性承担相应的法律责任。

上市公司重大资产重组信息披露准则规定，申请文件所有需要签名处，均应为签名人亲笔签名，不得以名章、签名章等代替。

来源:

《上市公司重大资产重组管理办法》;

《公开发行证券的公司信息披露内容与格式准则第 26 号——上市公司重大资产重组》;

《上海证券交易所科创板上市公司重大资产重组审核规则》;

《深圳证券交易所创业板上市公司重大资产重组审核规则》;

《公开发行证券的公司信息披露内容与格式准则第 56 号——北京证券交易所上市公司重大资产重组》。

3.1.4.5.2 非上市公众公司

为非上市公众公司重大资产重组提供评估服务的资产评估机构通常应在重组报告书正文后作出如下声明：

本机构及签字资产评估师已阅读重大资产重组报告书，确认重大资产重组报告书与本机构出具的资产评估报告无矛盾之处。本机构及经办人员对公众公司在重大资产重组报告书中引用的专业报告的内容无异议，确认重大资产重组报告书不致因上述内容而出现虚假记载、误导性陈述或重大遗漏，并对其真实性、准确性和完整性承担相应的法律责任。

声明应由经办人员及所在机构负责人签名，并由机构加盖公章。

来源：

《非上市公众公司信息披露内容与格式准则第 6 号——重大资产重组报告书》。

3.1.4.6 上市公司收购评估

为上市公司收购出具资产评估报告的证券服务机构及其从业人员，应当遵守法律、行政法规、证监会的有关规定，以及证券交易所的相关规则，遵循本行业公认的业务标准和道德规范，诚实守信，勤勉尽责，对其所制作、出具文件的真实性、准确性和完整性承担责任。

来源：

《上市公司收购管理办法》；

《公开发行证券的公司信息披露内容与格式准则第 16 号——上市公司收购报告书》。

3.1.4.7 发行公司债券评估

资产评估机构应当确认公司债券募集说明书所引用内容与

其就本期债券发行出具的相关意见不存在矛盾，对所引用的内容无异议，并对所确认的债券募集说明书引用内容承担相应法律责任。以上交所公司债券发行上市审核规则为例，承担资产评估业务（如有）的机构应在募集说明书正文后作出如下声明：

本机构及签字的资产评估人员已阅读募集说明书及其摘要，确认募集说明书及其摘要与本机构出具的报告不存在矛盾。本机构及签字的资产评估人员对发行人在募集说明书及其摘要中引用的报告的内容无异议，确认募集说明书及其摘要不致因所引用内容而出现虚假记载、误导性陈述或重大遗漏，并对其真实性、准确性和完整性承担相应的法律责任。

声明应由签字的资产评估人员及单位负责人签名，并由资产评估机构加盖公章。公开发行公司债券申请文件信息披露准则规定，申请文件的原始纸质文件所有需要签名处，应载明签名字样的印刷体，并由签名人亲笔签名，不得以名章、签名章等代替。

来源：

《公司债券发行与交易管理办法》；

《公司信用类债券信息披露管理办法》；

《公开发行证券的公司信息披露内容与格式准则第24号——公开发行公司债券申请文件》。

3.1.4.8　财报目的评估

财报目的评估业务主要包括资产公允价值评估、资产减值测试涉及的评估、合并对价分摊事项涉及的评估等。目前关于财报目的证券评估业务的相关规定主要针对商誉减值测试。《会计监管风险提示第8号——商誉减值》指出，资产评估机构及其从业人员应按照相关法律法规、资产评估准则及依法制定的其他业务规则勤勉执业。

来源：

《会计监管风险提示第 8 号——商誉减值》。

3.1.5 配合监管

证监会依法对资产评估机构进行监督检查或者调查，被检查、调查的单位和个人应当配合，如实提供有关文件和资料，不得拒绝、阻碍和隐瞒。

证监会对资产评估机构出具的文件的真实性、准确性、完整性有疑义的，可以要求资产评估机构作出解释、补充，并调阅其工作底稿。

资产评估机构及其执业人员应当配合证监会的监督管理，在规定的期限内提供、报送或披露相关资料、信息，并保证其提供、报送或披露的资料、信息真实、准确、完整，不得有虚假记载、误导性陈述或者重大遗漏。

来源：

《证券法》第一百七十三条；

《上市公司信息披露管理办法》；

《首次公开发行股票并上市管理办法》；

《上市公司证券发行管理办法》；

《创业板首次公开发行股票注册管理办法（试行）》；

《创业板上市公司证券发行注册管理办法（试行）》；

《科创板首次公开发行股票注册管理办法（试行）》；

《科创板上市公司证券发行注册管理办法（试行）》；

《北京证券交易所向不特定合格投资者公开发行股票注册管理办法（试行）》；

《北京证券交易所上市公司证券发行注册管理办法（试行）》；

《非上市公众公司监督管理办法》；

《非上市公众公司信息披露管理办法》；

《公司债券发行与交易管理办法》。

3.1.6 文件保管

资产评估机构应当妥善保存客户委托文件、核查和验证资料、工作底稿以及与质量管理、内部管理、业务经营有关的信息和资料，任何人不得泄露、隐匿、伪造、篡改或者毁损。上述信息和资料的保存期限不得少于10年，至业务委托结束之日起算。而根据《资产评估法》的规定，评估档案的保存期限不少于15年，法定评估业务的保存期限不少于30年。

来源：

《证券法》第一百六十二条；

《资产评估法》第二十九条；

《上市公司信息披露管理办法》。

3.1.7 保守秘密

资产评估机构及其工作人员从事证券服务业务，涉及保密事项的，应与委托人签署保密协议；依法为投资者的信息保密，不得非法买卖、提供或者公开投资者的信息，不得泄露所知悉的商业秘密；在发行证券的信息依法公开前，不得公开或者泄露该信息；对所知悉的重大资产重组信息在依法披露前负有保密义务，禁止利用该信息进行内幕交易。《资产评估法》规定，资产评估专业人员应当对评估活动中知悉的国家秘密、商业秘密和个人隐私予以保密。

来源：

《证券法》第二十三条、第四十一条；

《资产评估法》第十三条；

《上市公司重大资产重组管理办法》。

3.1.8 禁止性规定

3.1.8.1 内幕交易及利用未公开信息交易

禁止证券交易内幕信息的知情人和非法获取内幕信息的人利用内幕信息从事证券交易活动。证券交易内幕信息的知情人和非法获取内幕信息的人，在内幕信息公开前，不得买卖该公司的证券，或者泄露该信息，或者建议他人买卖该证券。

禁止资产评估机构及其工作人员，利用因职务便利获取的内幕信息以外的其他未公开的信息，违反规定，从事与该信息相关的证券交易活动，或者明示、暗示他人从事相关交易活动。

为证券发行出具资产评估报告的资产评估机构及其工作人员，在该证券承销期内和期满后六个月内，不得买卖该证券。为发行人及其控股股东、实际控制人，或者收购人、重大资产交易方出具资产评估报告的资产评估机构及其工作人员，自接受委托之日与实际开展工作之日孰早之日起至上述文件公开后五日内，不得买卖该证券。

法律、行政法规规定禁止参与股票交易的人员，在任期或者法定限期内，不得直接或者以化名、借他人名义持有、买卖股票或者其他具有股权性质的证券，也不得收受他人赠送的股票或者其他具有股权性质的证券。在成为上述人员时，其原已持有的股票或者其他具有股权性质的证券，必须依法转让。

来源：

《证券法》第四十条、第四十二条、第五十条、第五十三条、第五十四条。

3.1.8.2 操纵、扰乱证券市场

禁止任何人以单独或者通过合谋集中资金优势、持股优势或者利用信息优势联合或者连续买卖，与他人串通以事先约定的时间、价格和方式相互进行证券交易等手段操纵证券市场，影响或

者意图影响证券交易价格或者证券交易量。禁止任何单位和个人编造、传播虚假信息或者误导性信息，扰乱证券市场。禁止资产评估机构及其从业人员，在证券交易活动中作出虚假陈述或者信息误导。

来源：

《证券法》第五十五条、第五十六条。

3.1.9 中止审核的相关情形

为申请人制作、出具有关申请材料的证券服务机构因涉嫌违法违规被证监会及其派出机构立案调查，或者被司法机关侦查，尚未结案，且涉案行为与其为申请人提供服务的行为属于同类业务或者对市场有重大影响；为申请人制作、出具有关申请材料的证券服务机构的有关人员因涉嫌违法违规被证监会及其派出机构立案调查，或者被司法机关侦查，尚未结案，且涉案行为与其为申请人提供服务的行为属于同类业务或者对市场有重大影响，受理部门应当作出中止审查的决定，通知申请人。

科创板上市公司重大资产重组审核时，出现下列情形之一的，科创公司、交易对方、独立财务顾问、证券服务机构应当及时告知交易所，交易所将中止审核：（1）本次交易涉嫌内幕交易被证监会立案调查或者被司法机关立案侦查，尚未结案；（2）科创公司因涉嫌违法违规被行政机关调查，或者被司法机关侦查，尚未结案，对本次交易影响重大；（3）科创公司、独立财务顾问、证券服务机构被证监会依法采取限制业务活动、责令停业整顿、指定其他机构托管或者接管等监管措施，尚未解除；（4）独立财务顾问、证券服务机构或者相关签字人员因首次公开发行并上市、上市公司发行证券、并购重组业务涉嫌违法违规，或者其他业务涉嫌违法违规且对市场有重大影响被证监会立案调查，或者被司法机关立案侦查，尚未结案；（5）独立财务顾问、证券服务机构的相关签字人员，被证监会依法采取市场禁入、认定为不适当人选等处理措施，或者被交易所实施一定期限内不接受其出具的相关文件的纪律处分，尚未解除；（6）申请文件中记载的财务资料已过有效期，需要补充提交；（7）证监会根据《重组办法》等规定责令暂停重组活动，或者责令相关主体作出公开说明或者披露专业意见；（8）科创公司、独立财务顾问主动要求中止审核，理由正当并经交易所同意。出现第一项至第七项所列情形，科创公司、交易对方、独立财务顾问、证券服务机构未及时告知交易所，交易所经核实符合中止审核情形的，将直接中止审核。因第四项规定情形中止审核的，独立财务顾问、证券服务机构应当指派与被调查事项无关的人员，对该机构或者有关人员为被中止审核的申请事项制作、出具的申请材料进行复核。按照要求提交复核报告，并对申请事项符合本次交易法定条件、标准，所制作、出具的文件不存在虚假记载、误导性陈述或者重大遗漏发表明确复核意见的，交易所经确认后恢复对申请文件的审核。

创业板上市公司重大资产重组审核时，出现下列情形之一的，上市公司、交易对方、独立财务顾问、证券服务机构应当及时告知交易所，交易所将中止审核：（1）本次交易涉嫌内幕交易正在被中国证监会立案调查或者正在被司法机关立案侦查，尚未结案；（2）上市公司因涉嫌违法违规正在被行政机关调查，或者正在被司法机关侦查，尚未结案，对本次交易影响重大；（3）上市公司、独立财务顾问、证券服务机构被中国证监会依法采取限制业务活动、责令停业整顿、指定其他机构托管或者接管等措施，尚未解除；（4）独立财务顾问、证券服务机构或者相关签字人员因首次公开发行并上市、上市公司发行证券、并购重组业务涉嫌违法违规，或者其他业务涉嫌违法违规且对市场有重大影响正在被中国证监会立案调查，或者正在被司法机关立案侦查，尚未结案；（5）独立财务顾问、证券服务机构的相关签字人员被中国证监会依法采取市场禁入、认定为不适当人选等处理措施，或者被交易所实施一定期限内不接受其出具的相关文件的纪律处分，尚未解除；（6）申请文件中记载的财务资料已过有效期，需要补充提交；（7）中国证监会根据《重组办法》等规定责令暂停重组活动，或者责令相关主体作出公开说明或者披露专业意见；（8）上市公司、独立财务顾问主动要求中止审核，理由正当并经交易所同意。出现第一项至第七项所列情形，上市公司、交易对方、独立财务顾问、证券服务机构未及时告知交易所，交易所经核实符合中止审核情形的，将直接中止审核。因第四项规定情形中止审核的，独立财务顾问、证券服务机构应当指派与被调查事项无关的人员，对该机构或者有关人员为被中止审核的申请事项制作、出具的申请材料进行复核。按照要求提交复核报告，并对申请事项符合本次交易法定条件、标准，所制作、出具的文件不存在虚假记载、误导性陈述或者重大遗漏发表明确复核意见的，交易所经确认后恢复对申请文件的审核。

来源：

《中国证券监督管理委员会行政许可实施程序规定》；

《上海证券交易所科创板上市公司重大资产重组审核规则》；

《深圳证券交易所创业板上市公司重大资产重组审核规则》。

3.1.10　出具报告及资产评估相关信息的披露

为证券发行出具有关文件的证券服务机构和人员，应当按照本行业公认的业务标准和道德规范，严格履行法定职责，并对其所出具文件的真实性、准确性和完整性负责。资产评估机构从事证券评估业务，应当根据资本市场信息披露规定，按照各类业务申请文件的需求，提供相应的报告及函件，及时依法履行信息披露义务，并承担相应法律责任。披露的信息应当真实、准确、完整，简明清晰、通俗易懂，不得有虚假记载、误导性陈述或者重大遗漏。

3.1.10.1　IPO 评估

在上交所、深交所 IPO 以及在北交所公开发行股票需要披露的资产评估报告及有关信息披露要求主要如下：

3.1.10.1.1　资产评估报告及补充专业意见

(1) 发行人设立时和最近三年及一期的资产评估报告（含土地评估报告）。

(2) 发行人运用本次发行募集资金拟收购资产（或股权/权益）的资产评估报告。

(3) 补充专业意见（如有）。

发行人应根据证监会和交易所对申请文件的反馈意见提供补充材料。有关中介机构应对反馈意见相关问题进行尽职调查或补充出具专业意见。

3.1.10.1.2　其他信息披露要求

(1) 沪深交易所主板

①申请文件一经受理，未经证监会同意，不得增加、撤回或更换。证券服务机构出具的有关文件应当作为招股说明书的备查文件。

②首次公开发行股票并上市申请文件的扉页应标明发行人董事会秘书及有关中介机构项目负责人的姓名、电话、传真及其他方便的联系方式。发行人应在招股说明书“本次发行概况”中披露资产评估机构的名称、法定代表人、住所、联系电话、传真，同时应披露有关经办人员的姓名。

③发行人在设立时以及在报告期内进行资产评估的，应在招股说明书“财务会计信息”中扼要披露资产评估机构名称及主要评估方法，资产评估前的账面值、评估值及增减情况，增减变化幅度较大的，应说明原因。

④发行人应在招股说明书“财务会计信息”中扼要披露最近

一期末主要无形资产的取得方式、初始金额、摊销年限及确定依据、摊余价值及剩余摊销年限。无形资产的原始价值是以评估值作为入账依据的，还应披露资产评估机构名称及主要评估方法。

来源：

《首次公开发行股票并上市管理办法》；

《公开发行证券的公司信息披露内容与格式准则第1号——招股说明书》；

《公开发行证券的公司信息披露内容与格式准则第9号——首次公开发行股票并上市申请文件》。

（2）科创板

①申请文件一经受理，未经同意，不得增加、撤回或更换。

②招股说明书应准确引用与本次发行有关的中介机构的专业意见或报告。发行人应在招股说明书扉页作如下声明：“保荐人及证券服务机构承诺因其为发行人本次公开发行制作、出具的文件有虚假记载、误导性陈述或者重大遗漏，给投资者造成损失的，将依法赔偿投资者损失。”

③招股说明书“概览”列表披露本次发行的中介机构基本情况。招股说明书“本次发行概况”应列表披露资产评估机构（如有）的名称、法定代表人、住所、联系电话、传真，同时应披露有关经办人员的姓名。

④招股说明书“本次发行概况”应披露本次发行费用概算（包括承销费、保荐费、审计费、评估费、律师费、发行手续费等）。

来源：

《科创板首次公开发行股票注册管理办法（试行）》；

《公开发行证券的公司信息披露内容与格式准则第41号——科创板公司招股说明书》；

《公开发行证券的公司信息披露内容与格式准则第42号——

首次公开发行股票并在科创板上市申请文件》。

(3) 创业板

①申请文件一经受理，未经同意，不得增加、撤回或更换。保荐人出具的发行保荐书、证券服务机构出具的文件以及其他与发行有关的重要文件应当作为招股说明书的附件。

②招股说明书应准确引用与本次发行有关的中介机构的专业意见或报告。发行人应在招股说明书扉页作如下声明："保荐人及证券服务机构承诺因其为发行人本次公开发行制作、出具的文件有虚假记载、误导性陈述或者重大遗漏，给投资者造成损失的，将依法赔偿投资者损失。"

③招股说明书"概览"列表披露本次发行的中介机构基本情况。招股说明书"本次发行概况"应列表披露资产评估机构(如有)的名称、法定代表人、住所、经办人员姓名、联系电话、传真。

④招股说明书"本次发行概况"应披露本次发行费用概算(包括承销费、保荐费、审计费、评估费、律师费、发行手续费等)。

来源：

《创业板首次公开发行股票注册管理办法(试行)》；

《公开发行证券的公司信息披露内容与格式准则第28号——创业板公司招股说明书》；

《公开发行证券的公司信息披露内容与格式准则第29号——首次公开发行股票并在创业板上市申请文件》。

(4) 北交所

①注册申请文件受理后，未经证监会或者北交所同意，不得改动，即申请文件一经受理，未经同意，不得增加、撤回或更换。发生重大事项的，发行人、保荐人、证券服务机构应当及时向北交所报告，并按要求更新注册申请文件和信息披露资料。

②自注册申请文件申报之日起，发行人及其控股股东、实际控制人、董事、监事、高级管理人员，以及与本次股票公开发行相关的保荐人、证券服务机构及相关责任人员，即承担相应法律责任。

③发行人应在招股说明书扉页作如下声明：“保荐人及证券服务机构承诺因其为发行人本次公开发行股票制作、出具的文件有虚假记载、误导性陈述或者重大遗漏，给投资者造成损失的，将依法承担法律责任。”

④招股说明书“概览”应披露资产评估机构（如有）的名称、法定代表人、住所、联系电话、传真，同时应披露有关经办人员的姓名。

⑤招股说明书“概览”应披露本次发行费用概算（包括保荐费用、承销费用、律师费用、审计费用、评估费用、发行手续费用等）。

来源：

《北京证券交易所向不特定合格投资者公开发行股票注册管理办法（试行）》；

《公开发行证券的公司信息披露内容与格式准则第46号——北京证券交易所公司招股说明书》；

《公开发行证券的公司信息披露内容与格式准则第47号——向不特定合格投资者公开发行股票并在北京证券交易所上市申请文件》。

3.1.10.2　转板上市评估

北交所上市公司向上交所科创板或深交所创业板转板上市申请文件中与资产评估有关的信息及披露要求主要如下：

3.1.10.2.1　资产评估报告及补充专业意见

（1）资产评估报告（如有）

转板公司设立时和最近3年及一期的资产评估报告。

（2）补充专业意见（如有）

转板公司应根据交易所对申请文件的问询提供补充材料。保荐人和相关证券服务机构应对相关问题进行尽职调查并补充出具专业意见。

3.1.10.2.2　其他信息披露要求

①申请文件一经受理，未经同意，不得增加、撤回或更换。

②转板上市报告书应准确引用与本次转板上市有关的中介机构的专业意见或报告。转板公司应在转板上市报告书扉页作如下声明："保荐人及证券服务机构承诺因其为转板公司本次转板上市制作、出具的文件有虚假记载、误导性陈述或者重大遗漏，给投资者造成损失的，将依法赔偿投资者损失。"

③转板上市报告书"概览"应披露本次转板上市的资产评估机构（如有）。转板上市报告书"附件"应列表披露资产评估机构的名称、法定代表人、住所、经办人员姓名、联系电话、传真。

来源：

《中国证监会关于全国中小企业股份转让系统挂牌公司转板上市的指导意见》；

《北京证券交易所上市公司向上海证券交易所科创板转板办法（试行）》；

《上海证券交易所科创板发行上市审核规则适用指引第3号——转板上市申请文件》；

《上海证券交易所科创板发行上市审核规则适用指引第4号——转板上市报告书内容与格式》；

《深圳证券交易所关于北京证券交易所上市公司向创业板转板办法（试行）》；

《深圳证券交易所创业板发行上市审核业务指引第3号——全国中小企业股份转让系统挂牌公司向创业板转板上市报告书内

容与格式》；

《深圳证券交易所创业板发行上市审核业务指引第4号——全国中小企业股份转让系统挂牌公司向创业板转板上市申请文件》。

3.1.10.3　股转系统公开转让评估

公司股票在股转系统公开转让申请文件中与资产评估有关的信息及披露要求主要如下：

3.1.10.3.1　资产评估报告及补充专业意见

（1）资产评估报告

公司股票在股转系统公开转让，申请文件目录包括申请人设立时和最近2年及1期的资产评估报告。

（2）补充专业意见（如有）

申请人应根据证监会对申请文件的反馈意见提供补充材料。相关证券服务机构应对反馈意见相关问题进行核查或补充出具专业意见。

证券服务机构在为信息披露出具专项文件时，发现挂牌公司提供的材料有虚假记载、误导性陈述、重大遗漏的，应当要求其补充、纠正。挂牌公司拒不补充、纠正的，证券服务机构应报告全国股转公司，情节严重的，应同时报告挂牌公司注册地证监会派出机构。

3.1.10.3.2　其他信息披露要求

①申请文件一经受理，未经证监会同意，不得增加、撤回或更换。申请人应当在证券交易场所的网站和符合证监会规定条件的媒体上披露公开转让说明书及附件。公开转让说明书结尾应列明附件，附件应包括评估报告。

②申请文件的扉页应标明申请人信息披露事务负责人和相关证券服务机构项目负责人的姓名、电话、传真及其他方便的联系方式。

③申请人公开转让说明书“基本情况”应披露资产评估机构

的名称、法定代表人、住所、联系电话、传真，同时应披露有关经办人员的姓名。

来源：

《非上市公众公司监督管理办法》；

《非上市公众公司信息披露内容与格式准则第1号——公开转让说明书》；

《非上市公众公司信息披露内容与格式准则第2号——公开转让股票申请文件》。

3.1.10.4　再融资评估

3.1.10.4.1　沪深交易所主板

上市公司再融资申请文件中与资产评估有关的信息及披露要求主要如下：

（1）公开发行证券

①资产评估报告（如有）

上市公司申请公开发行证券，申请文件目录包括拟收购资产（包括权益）有关的资产评估报告；募集说明书备查文件包括拟收购资产的资产评估报告及有关审核文件。

上市公司申请公开发行证券，最近3年内发生重大资产重组的，申请文件目录和募集说明书备查文件包括重组进入公司的资产的财务报告、资产评估报告和/或审计报告。

②补充专业意见（如有）

上市公司公开发行证券申请文件目录是对发行申请文件的最低要求，证监会根据审核需要，可以要求发行人和中介机构补充材料。某些材料对发行人不适用的，可不必提供，但应作出书面说明。

发行人应根据证监会对发行申请文件的反馈意见提供补充材料。有关中介机构应对反馈意见相关问题进行尽职调查或补充出具专业意见。

③其他信息披露要求

第一，上市公司公开募集证券说明书所引用的资产评估报告，应当由从事证券服务业务的资产评估机构出具，并由至少两名资产评估师签署。公开募集证券说明书不得使用超过有效期的资产评估报告。

第二，募集资金拟用于向其他企业增资或收购其他企业股份的，应披露增资资金折合股份或收购股份的评估、定价情况。募集资金拟用于收购资产的，应披露拟收购资产的评估、定价情况。

第三，公开发行可转换公司债券，应当提供担保，但最近一期末经审计的净资产不低于人民币十五亿元的公司除外。设定抵押或质押的，抵押或质押财产的估值应不低于担保金额。估值应经从事证券服务业务的资产评估机构评估。

来源：

《上市公司证券发行管理办法》；

《公开发行证券的公司信息披露内容与格式准则第10号——上市公司公开发行证券申请文件》；

《公开发行证券的公司信息披露内容与格式准则第11号——上市公司公开发行证券募集说明书》。

（2）非公开发行股票

①资产评估报告

上市公司申请非公开发行股票，申请文件目录包括本次收购资产相关的最近一年一期的资产评估报告。

②补充专业意见（如有）

申请文件目录是对发行申请文件的最低要求，证监会根据审核需要，可以要求发行人和中介机构补充材料。

③其他信息披露要求

第一，上市公司非公开发行股票，应当按照要求编制非公开发行股票预案，作为董事会决议的附件，与董事会决议同时刊登。上市公司拟收购的资产在首次董事会前尚未进行审计、评估，以及相关盈利预测数据尚未经注册会计师审核的，在首次董事会决议公告中应披露相关资产的主要历史财务数据，注明未经审计，并作出关于“目标资产经审计的历史财务数据、资产评估结果以及经审核的盈利预测数据将在发行预案补充公告中予以披露”的特别提示。上市公司应当在审计、评估或者盈利预测审核完成后再次召开董事会，对相关事项作出补充决议，并编制非公开发行股票预案的补充公告。本次发行涉及资产审计、评估或者上市公司盈利预测的，资产审计结果、评估结果和经审核的盈利预测报告至迟应随召开股东大会的通知同时公告。

第二，通过本次发行拟进入的资产为非股权资产的，非公开发行股票预案中应当重点说明资产的交易价格及定价依据。交易价格以资产评估结果作为依据的，应当披露资产评估方法和资产评估结果；相关资产在最近 3 年曾进行资产评估或者交易的，还应当说明评估价值和交易价格、交易对方。

第三，非公开发行股票预案“董事会关于资产定价合理性的讨论与分析”中，应当分别对资产交易价格或者资产评估价格的合理性进行说明。资产交易价格以经审计的账面值为依据的，上市公司董事会应当结合相关资产的盈利能力说明定价的公允性。本次资产交易根据资产评估结果定价的，在资产评估机构出具资产评估报告后，应当补充披露上市公司董事会及独立董事对资产评估机构的独立性、评估假设前提和评估结论的合理性、评估方法的适用性等问题发表的意见。采取收益现值法等基于对未来收益预测的评估方法进行评估的，应当披露资产评估机构对评估方法的适用性、评估假设前提及相关参数的合理性、未来收益预测的谨慎性的说明。

第四，发行情况报告书披露本次发行的基本情况应当包括本次发行资产评估机构名称、法定代表人、经办人员、办公地址、联系电话、传真。

来源：

《上市公司证券发行管理办法》；

《上市公司非公开发行股票实施细则》；

《公开发行证券的公司信息披露内容与格式准则第25号——上市公司非公开发行股票预案和发行情况报告书》。

3.1.10.4.2　科创板

科创板上市公司证券发行申请文件中与资产评估有关的信息及披露要求主要如下：

（1）向不特定对象发行证券

①资产评估报告

科创板上市公司向不特定对象发行证券，申请文件目录包括拟收购资产的评估报告及有关审核文件。

②补充专业意见（如有）

上市公司应当向交易所报送审核问询回复的相关文件，并以临时公告的形式披露交易所审核问询回复意见。

证监会和交易所可以对上市公司进行现场检查，或者要求保荐人、证券服务机构对有关事项进行专项核查并出具意见。

③信息披露其他要求

第一，科创板上市公司证券发行募集说明书等证券发行信息披露文件所引用的资产评估报告，应当由从事证券服务业务的资产评估机构出具，并由至少两名资产评估师签署。募集说明书或者其他证券发行信息披露文件不得使用超过有效期的资产评估报告。

第二，募集说明书应准确引用与本次发行有关的中介机构的专业意见或报告。

第三，募集说明书“本次发行概况”应列表披露资产评估机构（如有）的名称、法定代表人、住所、经办人员姓名、联系电话、传真，及其与本次发行有关的证券服务机构及其负责人、高级管理人员、经办人员之间存在的直接或间接的股权关系或其他利益关系。

第四，募集资金用于收购资产或股权的，募集说明书“本次募集资金运用”应披露关于资产定价合理性的讨论与分析，包括：资产交易价格以资产评估结果作为定价依据的，董事会应就资产评估机构的独立性、评估假设前提的合理性、评估方法与评估目的的相关性以及评估定价的公允性发表意见。采取收益现值法等基于未来收益预期的方法对拟购买资产进行评估，且评估结果与经审计的账面值存在显著差异的，还应包括资产评估机构对增长期、收入增长率、毛利率、费用率、折现率等关键评估参数的选取依据及对上述参数合理性的说明。资产交易价格不以资产评估结果作为定价依据的，董事会应具体说明收购定价的过程、定价方法的合理性及定价结果的公允性。收购价格与评估报告结果存在显著差异的，上市公司应就差异的原因进行分析，并就收购价格是否可能损害上市公司及其中小股东的利益进行说明。

第五，本次拟收购的资产在最近三年曾进行过评估或交易的，募集说明书“本次募集资金运用”应披露评估的目的、方法及结果，以及交易双方的名称、定价依据及交易价格。交易未达成的，也应披露上述信息。

来源：

《科创板上市公司证券发行注册管理办法（试行）》；

《公开发行证券的公司信息披露内容与格式准则第 43 号——科创板上市公司向不特定对象发行证券募集说明书》。

（2）向特定对象发行证券

①资产评估报告（如有）

科创板上市公司向特定对象发行证券申请材料备查文件包括

拟收购资产的评估报告及有关审核文件。

②补充专业意见（如有）

上市公司应当向交易所报送审核问询回复的相关文件，并以临时公告的形式披露交易所审核问询回复意见。

证监会和交易所可以对上市公司进行现场检查，或者要求保荐人、证券服务机构对有关事项进行专项核查并出具意见。

③信息披露其他要求

第一，科创板上市公司证券发行募集说明书等证券发行信息披露文件所引用的资产评估报告，应当由从事证券服务业务的资产评估机构出具，并由至少两名资产评估师签署。募集说明书或者其他证券发行信息披露文件不得使用超过有效期的资产评估报告。

第二，募集说明书“董事会关于资产定价方式及定价结果合理性的讨论与分析”应当包括：资产交易价格以资产评估结果作为定价依据的，董事会应就资产评估机构的独立性、评估假设前提的合理性、评估方法与评估目的的相关性以及评估定价的公允性发表意见。采取收益现值法等基于未来收益预期的方法对拟购买资产进行评估，且评估结果与经审计的账面值存在显著差异的，还应包括资产评估机构对增长期、收入增长率、毛利率、费用率、折现率等关键评估参数的选取依据及对上述参数合理性的说明。资产交易价格不以资产评估结果作为定价依据的，董事会应具体说明收购定价的过程、定价方法的合理性及定价结果的公允性。收购价格与评估报告结果存在显著差异的，上市公司应就差异的原因进行分析，并就收购价格是否可能损害上市公司及其中小股东的利益进行说明。

第三，本次拟收购资产在最近三年曾进行过评估或交易的，募集说明书“董事会关于资产定价方式及定价结果合理性的讨论与分析”应披露评估的目的、方法及结果，以及交易双方的名称、定价依据及交易价格。交易未达成的，也应披露上述信息。

第四，发行情况报告书“本次发行的基本情况”应当包括本次发行相关资产评估机构的名称、法定代表人、经办人员、办公地址、联系电话、传真。

来源：

《科创板上市公司证券发行注册管理办法（试行）》；

《公开发行证券的公司信息披露内容与格式准则第44号——科创板上市公司向特定对象发行证券募集说明书和发行情况报告书》。

3.1.10.4.3 创业板

创业板上市公司证券发行申请文件中与资产评估有关的信息及披露要求主要如下：

（1）向不特定对象发行证券

①资产评估报告

创业板上市公司向不特定对象发行证券，申请文件目录包括拟收购资产的评估报告及有关审核文件。

②补充专业意见（如有）

上市公司应当向交易所报送审核问询回复的相关文件，并以临时公告的形式披露交易所审核问询回复意见。

证监会和交易所可以对上市公司进行现场检查，或者要求保荐人、证券服务机构对有关事项进行专项核查并出具意见。

③信息披露其他要求

第一，募集说明书等证券发行信息披露文件所引用的资产评估报告，应当由从事证券服务业务的资产评估机构出具，并由至少两名资产评估师签署。募集说明书或者其他证券发行信息披露文件不得使用超过有效期的资产评估报告。

第二，使用募集资金收购资产或者股权的，应当在公告召开股东大会通知的同时，披露该资产或者股权的基本情况、交易价格、定价依据以及是否与公司股东或者其他关联人存在利害关系。

第三，募集说明书应准确引用与本次发行有关的中介机构的专业意见或报告。申请文件受理后，未经证监会或者交易所同意，不得改动。发生重大事项的，上市公司、保荐人、证券服务机构应当及时向交易所报告，并按要求更新申请文件和信息披露资料。

第四，募集说明书“本次发行概况”应列表披露资产评估机构（如有）的名称、法定代表人、住所、经办人员姓名、联系电话、传真，及其与本次发行有关的证券服务机构及其负责人、高级管理人员、经办人员之间存在的直接或间接的股权关系或其他利益关系。

第五，募集资金用于收购资产或股权的，募集说明书“本次募集资金运用”应披露关于资产定价合理性的讨论与分析，包括：资产交易价格以资产评估结果作为定价依据的，董事会应就资产评估机构的独立性、评估假设前提的合理性、评估方法与评估目的的相关性以及评估定价的公允性发表意见。采取收益现值法等基于未来收益预期的方法对拟购买资产进行评估，且评估结果与经审计的账面值存在显著差异的，还应包括资产评估机构对增长期、收入增长率、毛利率、费用率、折现率等关键评估参数的选取依据及对上述参数合理性的说明。资产交易价格不以资产评估结果作为定价依据的，董事会应具体说明收购定价的过程、定价方法的合理性及定价结果的公允性。收购价格与评估报告结果存在显著差异的，上市公司应就差异的原因进行分析，并就收购价格是否可能损害上市公司及其中小股东的利益进行说明。

第六，本次拟收购的资产在最近三年曾进行过评估或交易的，募集说明书“本次募集资金运用”应披露评估的目的、方法及结果，以及交易双方的名称、定价依据及交易价格。交易未达成的，也应披露上述信息。

来源：

《创业板上市公司证券发行注册管理办法（试行）》；

《公开发行证券的公司信息披露内容与格式准则第35号——创业板上市公司向不特定对象发行证券募集说明书》。

（2）向特定对象发行证券

①资产评估报告（如有）

创业板上市公司向特定对象发行证券申请材料备查文件包括拟收购资产的评估报告及有关审核文件。

②补充专业意见（如有）

上市公司应当向交易所报送审核问询回复的相关文件，并以临时公告的形式披露交易所审核问询回复意见。

证监会和交易所可以对上市公司进行现场检查，或者要求保荐人、证券服务机构对有关事项进行专项核查并出具意见。

③信息披露其他要求

第一，募集说明书等证券发行信息披露文件所引用的资产评估报告，应当由从事证券服务业务的资产评估机构出具，并由至少两名资产评估师签署。募集说明书或者其他证券发行信息披露文件不得使用超过有效期的资产评估报告。

第二，使用募集资金收购资产或者股权的，应当在公告召开股东大会通知的同时，披露该资产或者股权的基本情况、交易价格、定价依据以及是否与公司股东或者其他关联人存在利害关系。

第三，申请文件受理后，未经证监会或者交易所同意，不得改动。发生重大事项的，上市公司、保荐人、证券服务机构应当及时向交易所报告，并按要求更新申请文件和信息披露资料。

第四，募集说明书“董事会关于资产定价方式及定价结果合理性的讨论与分析”应当包括：资产交易价格以资产评估结果作为定价依据的，董事会应就资产评估机构的独立性、评估假设前提的合理性、评估方法与评估目的的相关性以及评估定价的公允性发表意见。采取收益现值法等基于未来收益预期的方法对拟购买资产进行评估，且评估结果与经审计的账面值存在显著差异的，还应包括资产评估机构对增长期、收入增长率、毛利率、费用率、折现率等关键评估参数的选取依据及对上述参数合理性的说明。资产交易价格不以资产评估结果作为定价依据的，董事会应具体说明收购定价的过程、定价方法的合理性及定价结果的公允性。收购价格与评估报告结果存在显著差异的，上市公司应就差异的原因进行分析，并就收购价格是否可能损害上市公司及其中小股东的利益进行说明。

第五，本次拟收购资产在最近三年曾进行过评估或交易的，募集说明书“董事会关于资产定价方式及定价结果合理性的讨论与分析”应披露评估的目的、方法及结果，以及交易双方的名称、定价依据及交易价格。交易未达成的，也应披露上述信息。

第六，发行情况报告书“本次发行的基本情况”应当包括本次发行相关资产评估机构的名称、法定代表人、经办人员、办公地址、联系电话、传真。

来源：

《创业板上市公司证券发行注册管理办法（试行）》；

《公开发行证券的公司信息披露内容与格式准则第36号——创业板上市公司向特定对象发行证券募集说明书和发行情况报告书》。

3.1.10.4.4　北交所

北交所上市公司证券发行申请文件中与资产评估有关的信息及披露要求主要如下：

（1）向不特定合格投资者公开发行股票

①资产评估报告（如有）

向不特定合格投资者公开发行股票并在北交所上市，申请文件目录包括上市公司拟收购资产（包括权益）的有关资产评估报告。

②补充专业意见（如有）

申请文件目录是证券发行申请文件的最低要求。根据审核需要，证监会和北交所可以要求上市公司和相关证券服务机构补充文件。

上市公司应根据北交所对发行申请文件的审核问询以及证监会对申请文件的注册反馈问题，提供补充材料。保荐人和相关证券服务机构应对相关问题进行尽职调查并补充出具专业意见。

③其他信息披露要求

第一，募集说明书应准确引用与本次发行有关的中介机构的专业意见或报告。申请文件一经受理，未经同意，不得增加、撤回或更换。

第二，申请文件的扉页应标明上市公司信息披露事务负责人、保荐人及相关证券服务机构项目负责人的姓名、电话、传真及其他方便的联系方式。

第三，上市公司应在募集说明书扉页作出如下声明：保荐人及证券服务机构承诺因其为上市公司本次公开发行股票制作、出具的文件有虚假记载、误导性陈述或重大遗漏，给投资者造成损失的，将依法承担法律责任。

第四，募集说明书“本次发行概览”应披露本次发行的基本情况，包括预计募集资金总额和净额，发行费用概算（包括保荐费用、承销费用、律师费用、审计费用、评估费用、发行手续费用等）。

第五，募集说明书“本次发行概览”应披露资产评估机构（如有）的名称、法定代表人、住所、联系电话、传真，同时应披露有关经办人员的姓名，以及上市公司与本次发行有关的证券服务机构及其负责人、高级管理人员、经办人员之间存在的直接或间接的股权关系或其他利害关系。

第六，募集资金拟用于购买资产的，募集说明书“募集资金运用”应当列明资产定价的合理性。

来源：

《公开发行证券的公司信息披露内容与格式准则第48号——北京证券交易所上市公司向不特定合格投资者公开发行股票募集说明书》；

《公开发行证券的公司信息披露内容与格式准则第52号——北京证券交易所上市公司发行证券申请文件》。

（2）定向发行股票

①资产评估报告（如有）

北交所上市公司申请向特定对象发行股票，申请文件目录包括本次向特定对象发行收购资产相关的最近1年及1期的资产评估报告。

②补充专业意见（如有）

申请文件目录是证券发行申请文件的最低要求。根据审核需要，证监会和北交所可以要求上市公司和相关证券服务机构补充文件。

上市公司应根据北交所对发行申请文件的审核问询以及证监会对申请文件的注册反馈问题，提供补充材料。保荐人和相关证券服务机构应对相关问题进行尽职调查并补充出具专业意见。

③其他信息披露要求

第一，申请文件的扉页应标明上市公司信息披露事务负责人、保荐人及相关证券服务机构项目负责人的姓名、电话、传真及其他方便的联系方式。

第二，通过本次发行拟引入的资产为非股权资产的，募集说明书应披露资产的交易价格及定价依据。交易价格以资产评估结果作为依据的，应披露资产评估方法和资产评估结果。通过本次发行拟引入的资产为股权的，募集说明书应披露股权的评估方法及资产评估价值（如有）、交易价格及定价依据。

第三，资产交易根据资产评估结果定价的，在资产评估机构出具资产评估报告后，公司董事会应当对资产评估机构的独立性、评估假设前提和评估结论的合理性、评估方法的适用性、主要参数的合理性、未来收益预测的谨慎性等问题发表意见，并说明定价的合理性，资产定价是否存在损害公司和股东合法权益的情形。资产交易价格不以资产评估结果作为定价依据的，董事会应具体说明收购定价的过程、定价方法的合理性及定价结果的公允性。收购价格与评估报告结果存在显著差异的，上市公司应就差异的原因进行分析，并就收购价格是否可能损害上市公司及其中小股东的利益进行说明。

第四，本次拟收购资产在最近三年曾进行过评估或交易的，募集说明书应披露评估的目的、方法及结果，以及交易双方的名称、定价依据及交易价格。交易未达成的，也应披露上述信息。

第五，募集说明书应披露资产评估机构（如有）的名称、法定代表人、住所、联系电话、传真，同时应披露有关经办人员的姓名。

第六，上市公司应在发行情况报告书中披露本次发行相关资产评估机构的名称、法定代表人、经办人员、办公地址、联系电话、传真。

来源：

《公开发行证券的公司信息披露内容与格式准则第 49 号——北京证券交易所上市公司向特定对象发行股票募集说明书和发行情况报告书》；

《公开发行证券的公司信息披露内容与格式准则第 52 号——北京证券交易所上市公司发行证券申请文件》。

（3）定向发行可转换公司债券

①资产评估报告（如有）

北交所上市公司申请向特定对象发行可转换公司债券，申请文件目录包括本次拟收购资产相关的最近 1 年及 1 期的资产评估报告。

②补充专业意见（如有）

申请文件目录是证券发行申请文件的最低要求。根据审核需要，证监会和北交所可以要求上市公司和相关证券服务机构补充文件。

上市公司应根据北交所对发行申请文件的审核问询以及证监会对申请文件的注册反馈问题，提供补充材料。保荐人和相关证券服务机构应对相关问题进行尽职调查并补充出具专业意见。

③其他信息披露要求

第一，申请文件的扉页应标明上市公司信息披露事务负责人、保荐人及相关证券服务机构项目负责人的姓名、电话、传真及其他方便的联系方式。

第二，定向发行可转债募集说明书应披露资产评估机构（如有）的名称、法定代表人、住所、联系电话、传真，同时应披露有关经办人员的姓名。

来源：

《公开发行证券的公司信息披露内容与格式准则第 50 号——北京证券交易所上市公司向特定对象发行可转换公司债券募集说明书和发行情况报告书》；

《公开发行证券的公司信息披露内容与格式准则第 52 号——北京证券交易所上市公司发行证券申请文件》。

（4）定向发行优先股

①资产评估报告或资产估值报告（如有）

北交所上市公司申请向特定对象发行优先股，申请文件目录包括本次向特定对象发行优先股收购资产相关的最近 1 年及 1 期的资产评估报告或资产估值报告。

北交所上市公司申请向特定对象发行优先股，募集说明书备查文件包括资产评估报告或资产估值报告、通过本次定向发行拟引入资产的资产评估报告或资产估值报告。

②补充专业意见（如有）

申请文件目录是证券发行申请文件的最低要求。根据审核需要，证监会和北交所可以要求上市公司和相关证券服务机构补充文件。

上市公司应根据北交所对发行申请文件的审核问询以及证监会对申请文件的注册反馈问题，提供补充材料。保荐人和相关证券服务机构应对相关问题进行尽职调查并补充出具专业意见。

③其他信息披露要求

第一，申请文件的扉页应标明上市公司信息披露事务负责人、保荐人及相关证券服务机构项目负责人的姓名、电话、传真及其他方便的联系方式。募集说明书应披露资产评估机构（如有）的名称、法定代表人、住所、联系电话、传真，同时应披露有关经办人员的姓名。

第二，通过本次发行拟引入的资产为非股权资产的，募集说明书应披露资产的交易价格及定价依据。交易价格以资产评估结果作为依据的，应披露资产评估方法和资产评估结果。通过本次发行拟引入的资产为股权的，募集说明书应披露相关股权的资产评估价值（如有）、交易价格及定价依据。

第三，资产交易根据资产评估结果定价的，在资产评估机构出具资产评估报告后，公司董事会应当对资产评估机构的独立性、评估假设前提和评估结论的合理性、评估方法的适用性、主要参数的合理性、未来收益预测的谨慎性等问题发表意见，并说明定价的合理性，资产定价是否存在损害公司和股东合法权益的情形。资产交易价格不以资产评估结果作为定价依据的，董事会应具体说明收购定价的过程、定价方法的合理性及定价结果的公允性。收购价格与评估报告结果存在显著差异的，上市公司应就差异的原因进行分析，并就收购价格是否可能损害上市公司及其中小股东的利益进行说明。

第四，本次拟收购资产在最近三年曾进行过评估或交易的，上市公司应披露评估的目的、方法及结果，以及交易双方的名称、定价依据及交易价格。交易未达成的，也应披露上述信息。

来源：

《公开发行证券的公司信息披露内容与格式准则第 51 号——北京证券交易所上市公司向特定对象发行优先股募集说明书和发行情况报告书》；

《公开发行证券的公司信息披露内容与格式准则第 52 号——北京证券交易所上市公司发行证券申请文件》。

3.1.10.4.5　股转系统

非上市公众公司证券发行申请文件中与资产评估有关的信息及披露要求主要如下：

（1）定向发行股票

①资产评估报告（如有）

非上市公众公司申请定向发行股票，申请文件目录包括本次定向发行收购资产相关的最近 1 年及 1 期（如有）的资产评估报告，国资主管部门的核准或备案文件（如有）。

非上市公众公司申请定向发行股票，定向发行说明书备查文件包括通过本次定向发行拟进入资产的资产评估报告及有关审核文件（如有）。

②补充专业意见（如有）

申请文件目录是定向发行申请文件的最低要求。根据审核需要，证监会可以要求申请人和相关证券服务机构补充文件。

申请人应根据证监会对申请文件的反馈意见，提供补充材料。相关证券服务机构应对反馈意见相关问题进行核查或补充出具专业意见。

③其他信息披露要求

第一，申请文件一经受理，未经同意，不得增加、撤回或者更换。

第二，申请文件的扉页应标明申请人信息披露事务负责人及相关证券服务机构项目负责人的姓名、电话、传真及其他方便的联系方式。定向发行说明书应披露资产评估机构（如有）的名称、法定代表人、住所、联系电话、传真，同时应披露有关经办人员的姓名。

第三，以资产认购本次定向发行股份，其资产为非股权资产的，定向发行说明书应披露资产的交易价格及定价依据。交易价格以资产评估结果作为依据的，应披露资产评估方法和资产评估结果。以资产认购本次定向发行股份，其资产为股权的，定向发行说明书应披露相关股权的评估方法及资产评估价值（如有）、交易价格及定价依据。

第四，本次定向发行资产交易根据资产评估结果定价的，在资产评估机构出具资产评估报告后，公司董事会应当对资产评估机构的独立性、评估假设前提和评估结论的合理性、评估方法的适用性、主要参数的合理性、未来收益预测的谨慎性等问题发表意见，并说明定价的合理性，资产定价是否存在损害公司和股东合法权益的情形。

来源：

《非上市公众公司信息披露内容与格式准则第 3 号——定向发行说明书和发行情况报告书》；

《非上市公众公司信息披露内容与格式准则第 4 号——定向发行申请文件》。

（2）定向发行可转债

①资产评估报告（如有）

非上市公众公司申请定向发行可转债，申请文件目录包括本次可转债发行收购资产相关的最近1年及1期（如有）的资产评估报告，国资主管部门的核准或备案文件（如有）。

非上市公众公司申请定向发行可转债，定向发行可转债说明书备查文件包括本次定向发行可转债购买资产的资产评估报告及有关审核文件（如有）。

②补充专业意见（如有）

申请文件目录是定向发行可转债申请文件的最低要求。根据审核需要，证监会可以要求申请人和相关证券服务机构补充文件。

申请人应根据证监会对申请文件的反馈意见，提供补充材料。相关证券服务机构应对反馈意见相关问题进行核查或补充出具专业意见。

③其他信息披露要求

第一，申请文件一经受理，未经同意，不得增加、撤回或者更换。

第二，申请文件的扉页应标明申请人信息披露事务负责人及相关证券服务机构项目负责人的姓名、电话、传真及其他方便的联系方式。

第三，定向发行可转债说明书应披露资产评估机构（如有）的名称、法定代表人、住所、联系电话、传真，同时应披露有关经办人员的姓名。

来源：

《非上市公众公司信息披露内容与格式准则第18号——定向发行可转换公司债券说明书和发行情况报告书》；

《非上市公众公司信息披露内容与格式准则第19号——定向

发行可转换公司债券发行申请文件》。

（3）定向发行优先股

①资产评估报告或资产估值报告（如有）

非上市公众公司申请定向发行优先股，申请文件目录包括本次定向发行优先股收购资产相关的最近 1 年及 1 期的资产评估报告或资产估值报告。

非上市公众公司申请定向发行优先股，定向发行优先股说明书备查文件包括资产评估报告或资产估值报告；通过本次定向发行拟进入资产的资产评估报告或资产估值报告及有关审核文件。

②补充专业意见（如有）

申请文件目录是定向发行优先股申请文件的最低要求。根据审核或审查需要，证监会、股转系统可以要求申请人和相关证券服务机构补充文件。

申请人应根据证监会、股转系统对申请文件的反馈意见提供补充材料。相关证券服务机构应对反馈意见相关问题进行核查或补充出具专业意见。

③其他信息披露要求

第一，申请文件一经受理，未经证监会、股转系统同意，不得增加、撤回或者更换。

第二，申请文件的扉页应标明申请人信息披露事务负责人及相关证券服务机构项目负责人的姓名、电话、传真及其他方便的联系方式。定向发行优先股说明书应披露资产评估机构（如有）的名称、法定代表人、住所、联系电话、传真，同时应披露有关经办人员的姓名。

第三，以资产认购本次定向发行优先股、其资产为非股权资产的，定向发行优先股说明书应披露资产的交易价格及定价依据。交易价格以资产评估结果作为依据的，应披露资产评估方法和资产评估结果。以资产认购本次定向发行优先股、其资产为股权的，定向发行优先股说明书应披露相关股权的资产评估价值（如有）、交易价格及定价依据。

第四，资产交易根据资产评估结果定价的，公司董事会应对定价的合理性予以说明，并对资产定价是否存在损害公司和股东合法权益等情形发表意见。

来源：

《非上市公众公司信息披露内容与格式准则第7号——定向发行优先股说明书和发行情况报告书》；

《非上市公众公司信息披露内容与格式准则第8号——定向发行优先股申请文件》。

3.1.10.5　重大资产重组评估

3.1.10.5.1　沪深交易所主板

上市公司并购重组申请文件中与资产评估有关的信息及披露要求主要如下：

（1）评估报告或者估值报告

上市公司申请重大资产重组，申请文件目录包括本次重大资产重组涉及的拟购买资产的评估报告及评估说明，或者估值报告；本次重大资产重组涉及的拟出售资产的评估报告及评估说明，或者估值报告；资产评估结果备案或核准文件（如有）。

（2）补充专业意见（如有）

上市公司应当根据证监会对申请文件的反馈意见提供补充材料。相关证券服务机构应对反馈意见相关问题进行尽职调查或补充出具专业意见。

上市公司编制的重组预案应当包括相关证券服务机构对重组预案已披露内容发表的核查意见。

上市公司重大资产重组申请获得证监会核准的，上市公司及相关证券服务机构应当根据证监会的审核情况重新修订重组报告书及相关证券服务机构的报告或意见，并作出补充披露。上市公司及相关证券服务机构应当在修订的重组报告书及相关证券服务机构报告或意见的首页就补充或修改的内容作出特别提示。

（3）信息披露其他要求

①资产交易定价以资产评估结果为依据的，上市公司应当聘请从事证券服务业务的资产评估机构出具资产评估报告。上市公司及交易对方与证券服务机构签订聘用合同后，非因正当事由不得更换证券服务机构。确有正当事由需要更换证券服务机构的，应当披露更换的具体原因以及证券服务机构的陈述意见。

②证券服务机构在其出具的意见中采用其他证券服务机构或者人员的专业意见的，仍然应当进行尽职调查，审慎核查其采用的专业意见的内容，并对利用其他证券服务机构或者人员的专业意见所形成的结论负责。

③重大资产重组中相关资产以资产评估结果作为定价依据的，资产评估机构应当按照资产评估相关准则和规范开展执业活动；上市公司董事会应当对资产评估机构的独立性、评估假设前提的合理性、评估方法与评估目的的相关性以及评估定价的公允性发表明确意见。

相关资产不以资产评估结果作为定价依据的，上市公司应当在重大资产重组报告书中详细分析说明相关资产的估值方法、参数及其他影响估值结果的指标和因素。上市公司董事会应当对估值机构的独立性、估值假设前提的合理性、估值方法与估值目的的相关性发表明确意见，并结合相关资产的市场可比交易价格、同行业上市公司的市盈率或者市净率等通行指标，在重大资产重组报告书中详细分析本次交易定价的公允性。

前二款情形中，资产评估机构、估值机构原则上应当采取两种以上的方法进行评估或者估值；上市公司独立董事应当出席董事会会议，对资产评估机构或者估值机构的独立性、评估或者估值假设前提的合理性和交易定价的公允性发表独立意见，并单独予以披露。

④重大资产重组实施完毕后，凡因不属于上市公司管理层事前无法获知且事后无法控制的原因，上市公司所购买资产实现的利润未达到资产评估报告或者估值报告预测金额的80%，或者实际运营情况与重大资产重组报告书中管理层讨论与分析部分存在较大差距的，上市公司的董事长、总经理以及对此承担相应责任的会计师事务所、财务顾问、资产评估机构、估值机构及其从业人员应当在上市公司披露年度报告的同时，在同一媒体上作出解释，并向投资者公开道歉；实现利润未达到预测金额50%的，证监会可以对上市公司、相关机构及其责任人员采取监管谈话、出具警示函、责令定期报告等监管措施。

⑤重大资产重组信息披露文件和申请文件（如涉及）应当作为备查文件，供投资者查阅。本次重组的重大资产重组报告书、独立财务顾问报告、法律意见书以及重组涉及的审计报告、资产评估报告或者估值报告至迟应当与召开股东大会的通知同时公告。上市公司自愿披露盈利预测报告的，该报告应当经符合《证券法》规定的会计师事务所审核，与重大资产重组报告书同时公告。

⑥上市公司编制的重组预案应当包括交易标的基本情况，包括报告期（本准则所述报告期指最近两年及一期，如初步估算为重组上市的情形，报告期指最近三年及一期）主营业务（主要产品或服务、盈利模式、核心竞争力等概要情况）、主要财务指标（可为未审计数）、预估值及拟定价（如有）。未披露预估值及拟定价的，应当说明原因及影响。相关证券服务机构未完成审计、评估或估值、盈利预测审核（如涉及）的，上市公司应当作出“相关资产经审计的财务数据、评估或估值结果、以及经审核的盈利预测数据（如涉及）将在重大资产重组报告书中予以披露”的特别提示以及“相关资产经审计的财务数据、评估或估值最终

结果可能与预案披露情况存在较大差异”的风险揭示。

⑦上市公司编制的重组预案应当披露本次交易存在其他重大不确定性因素，包括尚需取得有关主管部门的批准等情况的，应当对相关风险作出充分说明和特别提示。

⑧上市公司应当在重组报告书扉页中披露交易标的评估或估值情况简要介绍。

⑨交易标的为完整经营性资产的（包括股权或其他构成可独立核算会计主体的经营性资产），上市公司应当在重组报告书“交易标的”中披露：该经营性资产的设立情况、历次增减资或股权转让情况等。该经营性资产最近三年增减资及股权转让的原因、作价依据及其合理性。该经营性资产的权益最近三年曾进行与交易、增资或改制相关的评估或估值的，应当披露相关评估或估值的方法、评估或估值结果及其与账面值的增减情况，交易价格、交易对方和增资改制的情况，并列表说明该经营性资产最近三年评估或估值情况与本次重组评估或估值情况的差异原因。

⑩交易标的不构成完整经营性资产的，上市公司应当在重组报告书“交易标的”中披露：相关资产在最近三年曾进行评估、估值或者交易的，应当披露评估或估值结果、交易价格、交易对方等情况，并列表说明相关资产最近三年评估或估值情况与本次重组评估或估值情况的差异原因。

⑪重大资产重组中相关资产以资产评估结果或估值报告结果作为定价依据的，上市公司应当在重组报告书“交易标的评估或估值”中披露以下信息：

第一，评估或估值的基本情况（包括账面价值、所采用的评估或估值方法、评估或估值结果、增减值幅度），分析评估或估值增减值主要原因、不同评估或估值方法的评估或估值结果的差异及其原因、最终确定评估或估值结论的理由。

第二，对评估或估值结论有重要影响的评估或估值假设，如宏观和外部环境假设及根据交易标的自身状况所采用的特定假设等。

第三，选用的评估或估值方法和重要评估或估值参数以及相关依据。具体如下：

收益法：具体模型、未来预期收益现金流、折现率确定方法、评估或估值测算过程、非经营性和溢余资产的分析与确认等。

市场法：具体模型、价值比率的选取及理由、可比对象或可比案例的选取原则、调整因素和流动性折扣的考虑测算等。

资产基础法：主要资产的评估或估值方法及选择理由、评估或估值结果等，如：房地产企业的存货、矿产资源类企业的矿业权、生产型企业的主要房屋和关键设备等固定资产以及对未来经营存在重大影响的在建工程、科技创新企业的核心技术等无形资产、持股型企业的长期股权投资等。主要资产采用收益法、市场法评估或估值的，应参照上述收益法或市场法的相关要求进行披露。

第四，引用其他评估机构或估值机构报告内容（如矿业权评估报告、土地估价报告等）、特殊类别资产（如珠宝、林权、生物资产等）相关第三方专业鉴定等资料的，应对其相关专业机构、业务资质、签字评估师或鉴定师、评估或估值情况进行必要披露。

第五，存在评估或估值特殊处理、对评估或估值结论有重大影响事项，应当进行说明并分析其对评估或估值结论的影响；存在前述情况或因评估或估值程序受限造成评估报告或估值报告使用受限的，应提请报告使用者关注。

第六，评估或估值基准日至重组报告书签署日的重要变化事项及其对评估或估值结果的影响。

第七，该交易标的的下属企业构成该交易标的的最近一期经审计的资产总额、营业收入、净资产额或净利润来源百分之二十以上且有重大影响的，应参照上述要求披露。交易标的涉及其他长期股权投资的，应当列表披露评估或估值的基本情况。

⑫上市公司董事会应当对本次交易标的评估或估值的合理性以及定价的公允性做出分析。上市公司应当在重组报告书“交易标的评估或估值”中披露的相关信息包括但不限于：

第一，对资产评估机构或估值机构的独立性、假设前提的合理性、评估或估值方法与目的的相关性发表意见。

第二，结合报告期及未来财务预测的相关情况（包括各产品产销量、销售价格、毛利率、净利润等）、所处行业地位、行业发展趋势、行业竞争及经营情况等，详细说明评估或估值依据的合理性。如果未来预测与报告期财务情况差异较大的，应当分析说明差异的原因及其合理性。

第三，分析交易标的后续经营过程中政策、宏观环境、技术、行业、重大合作协议、经营许可、技术许可、税收优惠等方面的变化趋势、董事会拟采取的应对措施及其对评估或估值的影响。

第四，结合交易标的经营模式，分析报告期变动频繁且影响较大的指标（如成本、价格、销量、毛利率等方面）对评估或估值的影响，并进行敏感性分析。

第五，分析说明交易标的与上市公司现有业务是否存在显著可量化的协同效应；如有，说明对未来上市公司业绩的影响；交易定价中是否考虑了上述协同效应。

第六，结合交易标的的市场可比交易价格、同行业上市公司的市盈率或者市净率等指标，分析交易定价的公允性。

第七，说明评估或估值基准日至重组报告书披露日交易标的发生的重要变化事项，分析其对交易作价的影响。

第八，如交易定价与评估或估值结果存在较大差异，分析说明差异的原因及其合理性。

⑬上市公司应当在重组报告书“风险因素”中，披露交易标的评估或估值风险。本次评估或估值存在报告期变动频繁且对评估或估值影响较大的指标，该指标的预测对本次评估或估值的影响，进而对交易价格公允性的影响等。

⑭上市公司应当在重组报告书中披露本次交易所聘请的资产评估机构（如有）、估值机构（如有）等专业机构名称、法定代表人、住所、联系电话、传真，以及有关经办人员的姓名。

⑮上市公司发行股份购买资产同时募集部分配套资金的，在重组报告书“发行股份情况”部分还应当披露：对交易标的采取收益法评估时，预测现金流中是否包含了募集配套资金投入带来的收益。

⑯上市公司应当披露由证券公司或者证券服务机构按照规定出具的独立财务顾问报告。独立财务顾问应当就以下事项发表明确的结论性意见：对本次交易所涉及的资产定价和股份定价（如涉及）进行全面分析，说明定价是否合理。本次交易根据资产评估结果定价，应当对所选取的评估方法的适当性、评估假设前提的合理性、重要评估参数取值的合理性发表明确意见；本次交易不以资产评估结果作为定价依据的，应当对相关资产的估值方法、参数选择的合理性及其他影响估值结果的指标和因素发表明确意见。

⑰上市公司重大资产重组不以资产评估结果作为定价依据的，应当披露相关资产的估值报告；估值报告中应包括但不限于以下内容：估值目的、估值对象和估值范围、价值类型、估值基准日、估值假设、估值依据、估值方法、估值参数及其他影响估值结果的指标和因素、估值结论、特别事项说明、估值报告日等；估值人员需在估值报告上签字并由所属机构加盖公章。

⑱资产评估机构或估值机构为本次重组而出具的评估或估值

资料中应明确声明在评估或估值基准日后××月内（最长十二个月）有效。

⑲申请文件的扉页应当附有专业机构的联系人姓名、电话、传真及其他方便的联系方式。

⑳上市公司重大资产重组申请文件目录包括重大资产重组中介机构联系表（包含资产评估机构、估值机构等证券服务机构及其签字人员的名单，包括名称/姓名、组织机构代码、统一社会信用代码/居民身份证号码或其他身份信息）。

来源：

《上市公司重大资产重组管理办法》；

《公开发行证券的公司信息披露内容与格式准则第26号——上市公司重大资产重组》。

3.1.10.5.2　科创板

科创板上市公司应当依照《上市公司重大资产重组管理办法》及证监会其他相关规定、上交所其他规定，实施重大资产重组。《上市公司重大资产重组管理办法》等有关规定与《科创板上市公司重大资产重组特别规定》不一致的，适用《科创板上市公司重大资产重组特别规定》。科创板上市公司并购重组申请文件中与资产评估有关的特殊信息披露要求主要如下：

（1）实施重大资产重组或者发行股份购买资产的科创公司为创新试点红筹企业，或者科创公司拟购买资产涉及创新试点红筹企业的，在计算重大资产重组认定标准等监管指标时，应当采用根据中国企业会计准则编制或调整的财务数据。科创公司中的创新试点红筹企业实施重大资产重组，可以按照境外注册地法律法规和公司章程履行内部决策程序，并及时披露重组报告书、独立财务顾问报告、法律意见书以及重组涉及的审计报告、资产评估报告或者估值报告。

（2）科创公司、交易对方及有关各方应当依法披露或者提供信息，独立财务顾问、证券服务机构应当依法对信息披露进行核查把关。

（3）科创公司应当充分披露本次交易资产定价的合理性，至少包括下列事项：①资产定价过程是否经过充分的市场博弈，交易价格是否显失公允；②所选取的评估或者估值方法与标的资产特征的匹配度，评估或者估值参数选取的合理性；③标的资产交易作价与历史交易作价是否存在重大差异及存在重大差异的合理性；④相同或者类似资产在可比交易中的估值水平；⑤商誉确认是否符合会计准则的规定，是否足额确认可辨认无形资产。

（4）上交所通过提出问题、回答问题等多种方式，督促科创公司、交易对方、独立财务顾问、证券服务机构完善信息披露，真实、准确、完整地披露或者提供信息，提高信息披露质量。

（5）上交所对申请文件进行审核时，可以视情况在审核问询中对科创公司、交易对方、独立财务顾问、证券服务机构，提出下列要求：①说明并披露相关问题及原因；②补充核查相关事项并披露核查过程、结果；③补充提供信息披露的证明文件；④修改或者更新信息披露内容。

（6）科创公司实施发行股份购买资产或者重组上市的，应当委托独立财务顾问在股东大会作出重大资产重组决议后 3 个工作日内，通过交易所并购重组审核业务系统报送重大资产重组报告书及相关文件；独立财务顾问报告及相关文件；法律意见书、审计报告及资产评估报告或者估值报告等证券服务机构出具的文件。

（7）申请文件一经受理，科创公司、交易对方及有关各方，以及为本次交易提供服务的独立财务顾问、证券服务机构及其相关人员即须承担相应的法律责任。

（8）上交所受理申请文件后至证监会作出注册决定前，科创公司、独立财务顾问、证券服务机构应当按照规定，对披露的重大资产重组报告书、独立财务顾问报告、法律意见书、财务报告、审计报告、资产评估报告或者估值报告等文件予以修改、补充。未经上交所同意，申请文件不得更改。

（9）科创公司、交易对方、独立财务顾问、证券服务机构应当按照交易所重组审核机构审核问询要求进行必要的补充调查、核查，及时、逐项回复交易所重组审核机构提出的审核问询，相应补充或者修改申请文件并披露。

（10）科创公司、交易对方、独立财务顾问、证券服务机构对交易所重组审核机构审核问询的回复是申请文件的组成部分，科创公司、交易对方、独立财务顾问、证券服务机构应当保证回复的真实、准确、完整。

（11）并购重组委员会进行审议时，认为需要对科创公司、交易对方、独立财务顾问、证券服务机构等主体进行现场问询的，由交易所重组审核机构通知相关主体。相关主体代表应当到会接受问询，回答并购重组委员会提出的问题。

（12）上交所受理申请文件后至本次交易实施完毕前，发生重大事项的，科创公司、交易对方、独立财务顾问应当及时向交易所报告，按照要求履行信息披露义务、更新申请文件。科创公司的独立财务顾问、证券服务机构应当持续履行尽职调查职责，并向交易所提交专项核查意见。

来源：

《科创板上市公司重大资产重组特别规定》；

《上海证券交易所科创板股票上市规则》；

《上海证券交易所科创板上市公司重大资产重组审核规则》。

3.1.10.5.3　创业板

创业板上市公司及有关各方应当依照《上市公司重大资产重组管理办法》、证监会其他相关规定、深交所的相关规定，实施重大资产重组。创业板上市公司并购重组申请文件中与资产评估有关的其他信息披露要求主要如下：

（1）上市公司、交易对方及有关各方应当依法披露或者提供信息，独立财务顾问、证券服务机构应当依法对信息披露进行核查把关。

（2）上市公司应当充分披露本次交易资产定价的合理性，至少包括下列事项：①资产定价过程是否经过充分的市场博弈，交易价格是否显失公允；②所选取的评估或者估值方法与标的资产特征的匹配度，评估或者估值参数选取的合理性；③标的资产交易作价与历史交易作价是否存在重大差异及存在重大差异的合理性；④相同或者类似资产在可比交易中的估值水平；⑤商誉确认是否符合会计准则的规定，是否足额确认可辨认无形资产。

（3）申请文件一经受理，上市公司、交易对方及有关各方，以及为本次交易提供服务的独立财务顾问、证券服务机构及其相关人员即须承担相应的法律责任。深交所受理申请文件后至证监会作出注册决定前，上市公司、独立财务顾问、证券服务机构应当按照规定，对披露的重大资产重组报告书、独立财务顾问报告、法律意见书、财务报告、审计报告、资产评估报告或者估值报告等文件予以修改、补充。未经深交所同意，申请文件不得更改。

（4）上市公司、交易对方、独立财务顾问、证券服务机构应当按照深交所重组审核机构审核问询要求进行必要的补充调查、核查，及时、逐项回复交易所重组审核机构提出的审核问询，相应补充或者修改申请文件。上市公司、交易对方、独立财务顾问、证券服务机构对交易所重组审核机构审核问询的回复是申请文件的组成部分，上市公司、交易对方、独立财务顾问、证券服务机构应当保证回复的真实、准确、完整。

（5）并购重组委审议时，并购重组委认为需要对上市公司、交易对方、独立财务顾问、证券服务机构等主体进行现场问询的，由交易所重组审核机构通知相关主体。相关主体代表应当到会接受问询，回答并购重组委提出的问题。

（6）并购重组委审议意见为同意上市公司发行股份购买资产或者重组上市，但要求上市公司补充披露有关信息的，交易所重组审核机构告知独立财务顾问组织落实；重组审核机构对上市公司及其独立财务顾问、证券服务机构的落实情况予以核对，并通报落实情况。上市公司对相关事项补充披露后，交易所出具同意发行股份购买资产或者重组上市的审核意见，或者作出同意重组上市的决定。上市公司应当根据并购重组委的审议意见，更新申请文件并披露。

（7）深交所向市场公开重组审核的下列信息，接受社会监督：交易所审核问询，上市公司、交易对方、独立财务顾问、证券服务机构的回复，但涉及国家秘密或者商业秘密的除外；交易所对上市公司、交易对方及有关各方，独立财务顾问、证券服务机构及其相关人员采取的自律监管措施或者纪律处分。

（8）深交所受理申请文件后至本次交易实施完毕前，上市公司及其独立财务顾问应当密切关注媒体关于本次交易的重大报道、市场传闻。相关报道、传闻与上市公司信息披露存在重大差异，或者所涉事项可能对本次交易产生重大影响的，上市公司、交易对方、独立财务顾问、证券服务机构应当向交易所作出解释说明，并按照规定履行信息披露义务。独立财务顾问、证券服务机构应当进行必要的核查并向交易所报告核查结果。

（9）深交所受理申请文件后至本次交易实施完毕前，交易所收到与本次交易相关的投诉举报的，可以就投诉举报涉及的事项向上市公司、交易对方、独立财务顾问、证券服务机构进行问询，要求其向交易所作出解释说明，并按照规定履行信息披露义务；要求独立财务顾问、证券服务机构进行必要的核查并向交易所报告核查结果。

(10) 深交所在审核中，发现上市公司申请文件存在重大疑问且上市公司、交易对方、独立财务顾问、证券服务机构回复中无法作出合理解释，或者本次交易涉及重组上市的，交易所可以对上市公司、交易对方、标的资产、独立财务顾问、证券服务机构进行现场检查。

来源：

《深圳证券交易所创业板股票上市规则》；

《深圳证券交易所创业板上市公司重大资产重组审核规则》。

3.1.10.5.4 北交所

北交所上市公司实施重大资产重组，应当按照《上市公司重大资产重组管理办法》《公开发行证券的公司信息披露内容与格式准则第56号——北京证券交易所上市公司重大资产重组》的要求编制并披露重大资产重组报告书及其他相关信息披露文件。上市公司发行股份购买资产的，还应当按照要求制作和报送申请文件。北交所上市公司并购重组申请文件中与资产评估有关的信息及披露要求主要如下：

(1) 评估报告和估值报告（如有）

上市公司申请重大资产重组，申请文件目录包括：本次重大资产重组涉及的拟购买、出售资产的评估报告及评估说明，资产估值报告；资产评估结果备案或核准文件（如有）。

上市公司申请重大资产重组，重组报告书附件应包括：资产评估报告、资产估值报告。

(2) 补充专业意见（如有）

《公开发行证券的公司信息披露内容与格式准则第56号——北京证券交易所上市公司重大资产重组》的规定是对重组报告书及其他相关信息披露文件的最低要求。证监会、北交所可以根据监管实际需要，要求上市公司补充披露其他有关信息或提供其他有关文件。

（3）其他信息披露要求

①申请文件一经受理，未经证监会同意，不得增加、撤回或更换。

②上市公司披露重大资产重组预案，应当披露证券服务机构的结论性意见；证券服务机构尚未出具意见的，应当作出关于"证券服务机构意见将在重大资产重组报告书中予以披露"的特别提示。

③交易标的为完整经营性资产的（包括股权或其他构成可独立核算会计主体的经营性资产），该经营性资产的权益最近三年曾进行与交易、增资或改制相关的评估或估值的，重组报告书中应当披露相关评估或估值的方法、评估或估值结果及其与账面值的增减情况，交易价格、交易对方和增资改制的情况，并列表说明该经营性资产最近三年评估或估值情况与本次重组评估或估值情况的差异原因。交易标的不构成完整经营性资产的，相关资产在最近三年曾进行资产评估、估值或者交易的，重组报告书中应当披露评估或估值结果、交易价格、交易对方等情况。

④重大资产重组中相关资产以资产评估结果或估值报告结果作为定价依据的，重组报告书中应当至少披露以下信息：

第一，评估或估值的基本情况，分析评估或估值增减值主要原因、不同评估或估值方法的评估或估值结果的差异及其原因、最终确定评估或估值结论的理由；

第二，对评估或估值结论有重要影响的评估或估值假设；

第三，选用的评估或估值方法和重要评估或估值参数以及相关依据；

第四，引用其他评估机构或估值机构报告内容、特殊类别资产相关第三方专业鉴定等资料的，应对其相关专业机构、业务资质、签字评估师或鉴定师、评估或估值情况进行必要披露；

第五，存在评估或估值特殊处理、对评估或估值结论有重大影响事项的，应当进行说明并分析其对评估或估值结论的影响；存在前述情况或因评估或估值程序受限造成评估报告或估值报告使用受限的，应提请报告使用者关注；

第六，评估或估值基准日至重组报告书签署日的重要变化事项及其对评估或估值结果的影响；

第七，该交易标的的下属企业构成该交易标的最近一期经审计的资产总额、营业收入、净资产额或净利润来源20%以上且有重大影响的，应参照上述要求披露。交易标的涉及其他长期股权投资的，应当列表披露评估或估值的基本情况。

⑤上市公司董事会应当对本次交易标的评估或估值的合理性以及定价的公允性做出分析，重组报告书中应当披露的信息包括但不限于：

第一，资产评估机构或估值机构的独立性、假设前提的合理性、评估或估值方法与目的的相关性；

第二，评估或估值依据的合理性；

第三，交易标的后续经营中行业、技术等方面的变化趋势、拟采取的应对措施及其对评估或估值的影响；

第四，报告期变动频繁且影响较大的指标对评估或估值的影响，并进行敏感性分析；

第五，交易标的与上市公司现有业务的协同效应、对未来上市公司业绩的影响，对交易定价的影响；

第六，结合交易标的的市场可比交易价格、同行业上市公司的市盈率或者市净率等指标，分析交易定价的公允性；

第七，说明评估或估值基准日至重组报告书披露日交易标的发生的重要变化事项，分析其对交易作价的影响；

第八，如交易定价与评估或估值结果存在较大差异，分析说明差异的原因及其合理性。

上市公司独立董事对资产评估机构或者估值机构的独立性、评估或者估值假设前提的合理性和交易定价的公允性发表的独立意见。

⑥重组报告书应当披露证券服务机构出具的相关报告的结论性意见。

⑦上市公司应当在重组报告书中披露重组涉及的其他重要事项，包括本次交易聘请的资产评估机构（如有）等专业机构名称、法定代表人、住所、联系电话、传真，以及有关经办人员的姓名。

⑧上市公司发行股份购买资产同时募集部分配套资金的，在重组报告书“发行股份情况”部分还应当披露以下内容：对交易标的采取收益法评估时，预测现金流中是否包含了募集配套资金投入带来的收益。

⑨独立财务顾问应当按照规定出具独立财务顾问报告，报告应当至少包括以下内容：本次交易根据资产评估结果定价，应当对所选取的评估方法的适当性、评估假设前提的合理性、重要评估参数取值的合理性发表明确意见；本次交易不以资产评估结果作为定价依据的，应当对相关资产的估值方法、参数选择的合理性及其他影响估值结果的指标和因素发表明确意见。

⑩上市公司重大资产重组以评估值或资产估值报告中的估值金额作为交易标的定价依据的，应当披露相关资产的资产评估报告或资产估值报告。资产评估机构或估值机构为本次重组而出具的评估或估值资料中应明确声明在评估或估值基准日后XX月内（最长十二个月）有效。

来源：

《北京证券交易所上市公司持续监管办法（试行）》；

《公开发行证券的公司信息披露内容与格式准则第56号——北京证券交易所上市公司重大资产重组》。

3.1.10.5.5　股转系统

非上市公众公司并购重组申请文件中与资产评估有关的信息及披露要求主要如下：

（1）资产评估报告、资产估值报告（如有）

包括本次重大资产重组涉及的拟购买、出售资产的评估报告及评估说明，资产估值报告。

（2）补充专业意见（如有）

《非上市公众公司信息披露内容与格式准则第6号——重大资产重组报告书》的规定是对重组报告书及其他相关信息披露文件的最低要求。

（3）其他信息披露要求

①公众公司重大资产重组以评估值或资产估值报告中的估值金额作为交易标的定价依据的，应当提供相关资产的资产评估报告或资产估值报告。申请文件一经受理，未经证监会同意，不得增加、撤回或更换。

②公众公司召开董事会决议重大资产重组事项，应当在披露决议的同时披露本次重大资产重组资产评估报告（或资产估值报告）等信息披露文件。如公众公司就本次重大资产重组首次召开董事会前，相关资产尚未完成评估工作的，在披露首次董事会决议的同时应当披露重大资产重组预案及独立财务顾问对预案的核查意见。公众公司应在披露重大资产重组预案后6个月内完成评估工作，并再次召开董事会，在披露董事会决议时一并披露重大资产重组资产评估报告（或资产估值报告）等信息披露文件。

③公众公司重大资产重组不涉及发行股份或者公众公司向特定对象发行股份购买资产后股东累计不超过200人的，经股东大会决议后，应当在2个工作日内将重大资产重组资产评估报告（或资产估值报告）等信息披露文件报送全国股份转让系统。

④公众公司披露重大资产重组预案的，应当包括独立财务顾

问、律师事务所、会计师事务所等证券服务机构的结论性意见；证券服务机构尚未出具意见的，应当作出关于“证券服务机构意见将在重大资产重组报告书中予以披露”的特别提示。

⑤交易标的为完整经营性资产的（包括股权或其他构成可独立核算会计主体的经营性资产），公众公司在重组报告书“交易标的的基本情况”中应当披露该经营性资产的权益最近2年曾进行资产评估、交易、增资或改制的，应当披露相关的评估价值、交易价格、交易对方和增资改制的情况。交易标的不构成完整经营性资产的，公众公司在重组报告书“交易标的的基本情况”中应当披露相关资产在最近2年曾进行资产评估或者交易的，应当披露评估价值、交易价格、交易对方等情况。

⑥资产交易根据资产评估结果定价的，公众公司在重组报告书“交易标的”中应当披露资产评估方法和资产评估结果（包括各类资产的评估值、增减值额及增减值率，以及主要的增减值原因等）。

⑦公众公司在重组报告书中应当披露本次交易聘请的资产评估机构（如有）等专业机构名称、法定代表人、住所、联系电话、传真，以及有关经办人员的姓名。

⑧独立财务顾问应当按照规定出具独立财务顾问报告，报告应当说明本次交易所涉及的资产定价和支付手段定价的合理性。

⑨重大资产重组实施完毕后，凡不属于公众公司管理层事前无法获知且事后无法控制的原因，购买资产实现的利润未达到盈利预测报告或者资产评估报告预测金额的80%，或者实际运营情况与重大资产重组报告书存在较大差距的，公众公司的董事长、总经理、财务负责人应当在公众公司披露年度报告的同时，作出解释，并向投资者公开道歉；实现利润未达到预测金额的50%的，证监会可以对公众公司及相关责任人员采取监管谈话、出具警示函、责令定期报告等监管措施。

来源：

《非上市公众公司重大资产重组管理办法》；

《非上市公众公司信息披露内容与格式准则第 6 号——重大资产重组报告书》。

3.1.10.6　上市公司收购评估

（1）资产评估报告

信息披露义务人以其非现金资产认购上市公司发行的新股的，应当披露从事证券服务业务的资产评估机构出具的有效期内的资产评估报告。

（2）补充专业意见（如有）

（3）其他信息披露要求

①收购人在收购报告书中援引相关专业机构出具的专业报告或意见的内容，应当说明相关专业机构已书面同意上述援引。

②上市公司董事、监事、高级管理人员及员工或者其所控制或委托的法人或其他组织收购本公司股份并取得控制权，或者通过投资关系、协议或其他安排导致其拥有权益的股份超过本公司已发行股份 30% 的，上市公司收购报告书“收购方式”中应当披露收购的定价依据、资产评估方法和评估结果。

来源：

《上市公司收购管理办法》；

《公开发行证券的公司信息披露内容与格式准则第 15 号——权益变动报告书》；

《公开发行证券的公司信息披露内容与格式准则第 16 号——上市公司收购报告书》；

《公开发行证券的公司信息披露内容与格式准则第 55 号——北京证券交易所上市公司权益变动报告书、上市公司收购报告书、要约收购报告书、被收购公司董事会报告书》。

3.1.10.7 发行公司债券评估

资产评估机构在上市公司公开发行公司债券过程中，与资产评估有关的信息及披露要求主要如下：

（1）资产评估报告

上市公司公开发行公司债券，申请文件目录包括本次发行公司债券的担保财产的资产评估文件（如为抵押或质押担保）。

（2）补充专业意见（如有）

发行人应根据证券交易所对发行申请文件的审核问询以及证监会对申请文件的注册反馈问题提供补充材料。主承销商和相关证券服务机构应对相关问题进行尽职调查并出具专业意见。

（3）其他信息披露要求

①申请文件一经受理，未经同意不得增加、撤回或更换。

②发行申请文件的扉页上应标明有关中介机构项目负责人的姓名、电话、传真、电子信箱及其他有效的联系方式。

③企业应当在募集说明书中披露发行有关机构的名称、住所、法定代表人、联系电话、传真和有关经办人员的姓名，并披露企业与发行有关的中介机构及其负责人、高级管理人员、经办人员之间存在的直接或间接的股权关系及其他重大利害关系。

④企业发行债券提供抵押或质押担保的，企业应当在募集说明书中披露担保物的名称、金额（账面值和评估值）、担保物金额（账面值和评估值）、担保物的评估情况等信息。

来源：

《公司债券发行与交易管理办法》；

《公司信用类债券信息披露管理办法》；

《公开发行证券的公司信息披露内容与格式准则第 24 号——公开发行公司债券申请文件》。

3.1.10.8 财报目的评估

财报目的评估业务主要包括资产减值测试涉及的评估、资产公允价值评估、合并对价分摊事项涉及的评估等。目前，证券监管部门对以财报目的评估业务明确提出相关信息披露要求的主要是上市公司商誉减值测试资产评估、股权激励计划公允价值评估。

3.1.10.8.1　商誉减值测试

因商誉减值事项的特殊性与专业性，不少公司与会计师事务所在进行商誉减值测试或对商誉减值事项进行审计时，均会利用资产评估机构及其从业人员出具的专业意见。资产评估机构及其从业人员应按照相关法律法规、资产评估准则及依法制定的其他业务规则勤勉执业。

利用资产评估机构的工作辅助开展商誉减值测试时，公司应聘请符合规定的资产评估机构，明确约定该工作用于商誉减值测试。

来源：

《会计监管风险提示第8号——商誉减值》。

3.1.10.8.2　股权激励公允价值确定

上市公司制定股权激励计划的，应当在股权激励计划中载明限制性股票或股票期权公允价值的确定方法、涉及估值模型重要参数取值合理性等。股权激励计划经股东大会审议通过后，上市公司应当在60日内授予权益并完成公告、登记；有获授权益条件的，应当在条件成就后60日内授出权益并完成公告、登记。上市公司向激励对象授出权益时，应当按照规定履行信息披露义务，并再次披露股权激励公允价值确定方法、涉及估值模型重要参数取值的合理性等信息。

上市公司在授予激励对象限制性股票时，应当确定授予价格或授予价格的确定方法。授予价格不得低于股票票面金额，且原则上不得低于下列价格较高者：①股权激励计划草案公布前1个交易日的公司股票交易均价的50%；②股权激励计划草案公布前

20 个交易日、60 个交易日或者 120 个交易日的公司股票交易均价之一的 50%。上市公司采用其他方法确定限制性股票授予价格的，应当在股权激励计划中对定价依据及定价方式作出说明。

上市公司在授予激励对象股票期权时，应当确定行权价格或者行权价格的确定方法。行权价格不得低于股票票面金额，且原则上不得低于下列价格较高者：①股权激励计划草案公布前 1 个交易日的公司股票交易均价；②股权激励计划草案公布前 20 个交易日、60 个交易日或者 120 个交易日的公司股票交易均价之一。上市公司采用其他方法确定行权价格的，应当在股权激励计划中对定价依据及定价方式作出说明。

上市公司未按规定的定价原则，而采用其他方法确定限制性股票授予价格或股票期权行权价格的，应当聘请独立财务顾问，对股权激励计划的可行性、是否有利于上市公司的持续发展、相关定价依据和定价方法的合理性、是否损害上市公司利益以及对股东利益的影响发表专业意见。

来源：

《上市公司股权激励管理办法》。

3.1.10.9　重大合同和重大交易评估

上市公司签署重大合同、发生重大交易和关联交易，股转系统挂牌公司发生重大交易，应按规定披露相关信息。

3.1.10.9.1　重大合同

上市公司年度报告和半年度报告应当披露重大合同及其履行情况，包括但不限于：列表披露合同订立双方的名称、签订日期、合同标的所涉及资产的账面价值、评估价值、相关评估机构名称、评估基准日、定价原则以及最终交易价格等，并披露截至报告期末合同的执行情况。

来源：

《公开发行证券的公司信息披露内容与格式准则第 2 号——

年度报告的内容与格式》；

《公开发行证券的公司信息披露内容与格式准则第3号——半年度报告的内容与格式》；

《公开发行证券的公司信息披露内容与格式准则第53号——北京证券交易所上市公司年度报告》；

《公开发行证券的公司信息披露内容与格式准则第54号——北京证券交易所上市公司中期报告》。

3.1.10.9.2　重大关联交易

上市公司年度报告和半年度报告应当披露报告期内发生的重大关联交易事项。若对于某一关联方，报告期内累计关联交易总额在3 000万元以上且占公司报告期末净资产值5%以上（科创板公司披露标准为报告期内累计关联交易总额在3 000万元以上且占公司报告期末总资产或市值1%以上），资产或股权收购、出售发生的关联交易，至少应当披露关联交易定价原则、资产的账面价值、评估价值、交易价格等情况，交易价格与账面价值或评估价值差异较大的，应当说明原因。如相关交易涉及业绩约定，应当披露报告期内的业绩实现情况。

来源：

《公开发行证券的公司信息披露内容与格式准则第2号——年度报告的内容与格式》；

《公开发行证券的公司信息披露内容与格式准则第3号——半年度报告的内容与格式》。

3.1.10.9.3　重大交易

（1）上交所

①上市公司发生的重大交易涉及的资产总额（同时存在账面值和评估值的，以高者为准；涉及数据为负值的，取其绝对值计算）占上市公司最近一期经审计总资产的10%以上，或者交易标的（如股权）涉及的资产净额（同时存在账面值和评估值的，

以高者为准；涉及数据为负值的，取其绝对值计算）占上市公司最近一期经审计净资产的10%以上，且绝对金额超过1 000万元等规定情形的，应当及时披露交易相关信息。上市公司发生交易达到应当及时披露规定标准，且交易对方以非现金资产作为交易对价或者抵偿上市公司债务的，上市公司应当披露涉及资产的审计报告或者评估报告。

②上市公司发生的重大交易涉及的资产总额（同时存在账面值和评估值的，以高者为准；涉及数据为负值的，取其绝对值计算）占上市公司最近一期经审计总资产的50%以上，或者交易标的（如股权）涉及的资产净额（同时存在账面值和评估值的，以高者为准；涉及数据为负值的，取其绝对值计算）占上市公司最近一期经审计净资产的50%以上，且绝对金额超过5 000万元等规定情形的，除应当及时披露交易相关信息外，还应当提交股东大会审议。公司发生交易达到应当及时披露和提交股东大会审议规定标准，且交易标的为公司股权以外的其他资产的，应当披露标的资产由资产评估机构出具的评估报告。评估基准日距审议相关交易事项的股东大会召开日不得超过一年。公司发生“购买或者出售资产”交易，不论交易标的是否相关，若所涉及的资产总额或者成交金额在连续12个月内经累计计算超过公司最近一期经审计总资产30%的，除应当披露并进行审计或者评估外，还应当提交股东大会审议，并经出席会议的股东所持表决权的三分之二以上通过。

③证监会、交易所根据审慎原则要求，公司依据其章程或者其他法律法规等规定，以及公司自愿提交股东大会审议的交易事项，应当适用前述规定。

④上市公司应当根据交易类型，按照交易所相关规定披露交易定价及依据、有关部门审批文件（如有）、中介机构意见（如适用）等信息。

⑤上市公司与其合并报表范围内的控股子公司、控制的其他主体发生的或者上述控股子公司、控制的其他主体之间发生的交易，可以免于按照上述规定披露和履行相应程序，证监会或者交易所另有规定的除外。

来源：

《上海证券交易所股票上市规则（2022年修订）》。

（2）深交所

①上市公司发生的重大交易涉及的资产总额占上市公司最近一期经审计总资产的10%以上（该交易涉及的资产总额同时存在账面值和评估值的，以较高者为准；涉及数据为负值的，取其绝对值计算），或者交易标的（如股权）涉及的资产净额占上市公司最近一期经审计净资产的10%以上，且绝对金额超过一千万元（该交易涉及的资产净额同时存在账面值和评估值的，以较高者为准；涉及数据为负值的，取其绝对值计算）等规定情形的，应当及时披露交易相关信息。公司发生交易达到应当及时披露规定标准，且交易对方以非现金资产作为交易对价或者抵偿上市公司债务的，应当披露所涉及资产的审计报告或者评估报告。评估基准日距审议相关交易事项的董事会召开日或者相关事项的公告日不得超过一年。

②上市公司发生的重大交易涉及的资产总额占上市公司最近一期经审计总资产的50%以上（该交易涉及的资产总额同时存在账面值和评估值的，以较高者为准；涉及数据为负值的，取其绝对值计算），或者交易标的（如股权）涉及的资产净额占上市公司最近一期经审计净资产的50%以上，且绝对金额超过五千万元（该交易涉及的资产净额同时存在账面值和评估值的，以较高者为准；涉及数据为负值的，取其绝对值计算）等规定情形的，应当及时披露交易相关信息并提交股东大会审议。公司发生交易达到应当及时披露并提交股东大会审议规定标准，且交易标的为

公司股权以外的其他资产的，应当披露标的资产由资产评估机构出具的评估报告。公司发生交易达到应当及时披露并提交股东大会审议规定标准，且交易对方以非现金资产作为交易对价或者抵偿上市公司债务的，也应当披露所涉及资产的审计报告或者评估报告。该等评估报告的评估基准日距审议相关交易事项的股东大会召开日不得超过一年。

③公司发生交易虽未达到应当及时披露并提交股东大会审议规定标准，证监会、交易所根据审慎原则可以要求公司披露所涉及资产的审计报告或者评估报告。评估基准日距审议相关交易事项的董事会召开日或者相关事项的公告日不得超过一年。

④上市公司发生符合重大交易标准的购买资产或者出售资产时，应当以资产总额和成交金额中的较高者为准，按交易事项的类型在连续十二个月内累计计算。经累计计算金额超过上市公司最近一期经审计总资产 30% 的，公司应当及时披露相关交易标的审计报告或者评估报告，提交股东大会审议并经由出席会议的股东所持表决权的三分之二以上通过。已按照规定履行相关义务的，不再纳入相关的累计计算范围。

⑤上市公司应当根据交易类型，按照交易所有关规定披露交易定价及依据、有关部门审批文件（如有）、中介机构意见（如适用）等信息。

⑥上市公司与其合并报表范围内的控股子公司发生的或者上述控股子公司之间发生的交易，可以免于按照上述规定披露和履行相应程序，证监会或者交易所另有规定的除外。

来源：

《深圳证券交易所股票上市规则（2022 年修订）》。

（3）股转系统

创新层挂牌公司发生的交易（除提供担保外）达到下列标准之一的，应当及时披露：①交易涉及的资产总额（同时存在账面值和评估值的，以孰高为准）或成交金额占公司最近一个会计年度经审计总资产的10%以上；②交易涉及的资产净额或成交金额占公司最近一个会计年度经审计净资产绝对值的10%以上，且超过300万元。

基础层挂牌公司发生的交易（除提供担保外）达到下列标准之一的，应当及时披露：①交易涉及的资产总额（同时存在账面值和评估值的，以孰高为准）或成交金额占公司最近一个会计年度经审计总资产的20%以上；②交易涉及的资产净额或成交金额占公司最近一个会计年度经审计净资产绝对值的20%以上，且超过300万元。

来源：

《全国中小企业股份转让系统挂牌公司信息披露规则》。

3.2 特殊规定

3.2.1 交易类证券评估业务

交易类证券评估业务是以交易为目的的评估业务，主要交易标的包括股权和资产，涉及上市公司重大资产重组、发行股份购买资产、再融资募集资金投向等经济行为。上市公司重大资产重组中，交易对方为上市公司控股股东、实际控制人或者其控制的关联人，应当以其获得的股份和现金进行业绩补偿。交易对方以股份方式进行业绩补偿时，在补偿期限届满时，上市公司应当对拟购买资产进行减值测试。减值额为拟购买资产交易作价减去期末拟购买资产的评估值并扣除补偿期限内拟购买资产股东增资、减资、接受赠与以及利润分配的影响。

证监会陆续公布了《会计监管风险提示第5号——上市公司股权交易资产评估》《会计监管风险提示第7号——轻资产类公司收益法评估》《监管规则适用指引——评估类第1号》，对交易类证券评估业务中的股权交易评估、轻资产企业收益法评估和收益法评估的折现率选取进行了规范。以下七个方面的内容主要来源于上述监管规则。

3.2.1.1 价值类型和评估假设

资产评估师应恰当选择价值类型、合理使用评估假设，并应重点关注是否进行了不合理的评估假设、评估假设是否符合企业所属行业特点、是否符合被评估企业自身内在发展逻辑和外部现实条件约束和是否通过人为设定评估假设为盈利预测“创造”数量依据与环境条件等情况。资产评估机构应在以下方面加强业务执业质量控制：

（1）为上市公司股权交易进行评估，并以市场价值作为定价参考依据的，评估过程及结果不应当体现收购行为完成后的协同效应。

（2）充分考虑企业所处政治、经济和法律环境，技术发展，市场前景，资产状况，经营能力，商业化程度等，合理设定与之相适应的假设条件。

（3）合理确定评估假设，确信相关假设有可靠证据表明其很有可能在未来发生，或者虽然缺乏可靠证据，但没有理由认为这些假设明显不切合实际。对于重要的评估假设，应当说明其使用理由。

3.2.1.2 现场调查与核查验证

资产评估师应对评估对象的现状及其法律权属进行认真调查，并关注获取评估资料的完整性和可靠性。资产评估机构应在以下方面加强业务执业质量控制：

（1）评估股权价值时应当把企业作为一个有机整体，不仅要考虑企业财务账内的资产和负债，也要考虑重要的可识别和评估的账外资产和负债，例如无形资产和或有负债等。

（2）仔细阅读公司章程或投资协议，了解股东在利益分配、股权转让等方面的权利和义务是否存在特殊的约定，例如分红限制、清算约定和存在限售期等，并考虑其对股权价值的影响。

（3）关注公司最新的工商登记情况和近期的董事会决议等材料，取得最新的公司章程，确信评估报告准确地反映了股东持股比例及各项权益。

（4）采用收益法或市场法评估股权价值时，应当对评估范围内的重要资产和负债，通过询问、函证、核对、监盘、勘查、检查等方式进行必要的调查，了解其经济、技术和法律权属状况，及其对股权价值的影响。

（5）如果存在影响评估结论的重要事项，应当要求委托方或被评估企业就该事项提供专项承诺等内部证明材料和律师函等外部证明材料，作为支持评估结论的依据；同时就该事项对评估结果的影响，采取如暂估负债、在盈利预测时考虑相关费用或在特别事项中进行披露等方式进行处理。

3.2.1.3 评估方法的选择和评估结论的确定

资产评估师应恰当选择评估方法，形成合理评估结论。

（1）对股权进行评估时，应逐一分析资产基础法、收益法和市场法等三种基本评估方法的适用性。在持续经营前提下，原则上应当采用两种以上方法进行评估。除被评估企业不满足其中某两种方法的适用条件外，应合理采用两种或两种以上方法进行评估。如果只采用了一种评估方法，应当有充分依据并详细论证不能采用其他方法进行评估的理由。

（2）评估方法的选择应有充分依据，不得只采用更接近预先设定的交易价格的评估方法进行评估。

（3）对同一股权采用多种评估方法时，应当对使用各种评估方法产生的结果之间的差异进行分析，复核各种方法的适用条件、重要参数的选取依据、评估方法的运用过程等，结合差异原因判断评估结果的差异程度是否属于合理范围。例如，当收益法评估结果低于资产基础法评估结果时，应当关注相关资产是否存在如经济性贬值等情况；反之，则应当分析在运用资产基础法评估时，是否存在评估范围不完整等情况。

（4）对同一股权采用多种评估方法时，应根据股权交易目的、不同评估方法使用数据的质量和数量，结合市场相关信息进行论证，综合判断并形成最终评估结论。

3.2.1.4 收益法的相关要求

资产评估师采用收益法评估，应当从企业盈利能力的角度，合理衡量评估对象的价值，资产评估机构应在以下方面加强业务执业质量控制：

（1）结合企业的历史经营情况、未来收益可预测情况和所获取评估资料的充分程度，恰当考虑收益法的适用性。对于产品或服务尚未投入市场、无盈利历史记录、持续经营存在不确定性的企业，应谨慎使用收益法。

（2）分析委托方或被评估企业提供的盈利预测数据时，应尽量搜集企业战略发展规划、经营计划和财务计划等预测依据，获得未来盈利数据的支持，有效防范或降低预测风险。

（3）审慎使用委托方或被评估企业提供的盈利预测资料，应充分分析被评估企业的资本结构、经营状况、历史业绩、发展前景，考虑宏观和区域经济因素、所在行业现状与发展前景对股权价值的影响，在考虑未来存在的各种可能性及其影响的基础上合理确定评估假设，形成未来收益预测。

（4）对盈利预测基础历史数据进行认真核实，必要时可聘请注册会计师对相关历史财务数据进行审计，或要求被评估企业提供经审计财务数据。对委托方和相关当事方提供的盈利预测，应进行必要的分析、判断和调整，不能简单假设盈利预测能够如期实现。当盈利预测趋势和企业历史业绩与现实经营状况存在重大差异时，应当对差异原因及其合理性进行分析。

（5）与委托方和相关当事方进行沟通，了解企业资产配置和使用的情况，重点关注不同时点企业的资产构成和规模变化，并结合行业特点和行业资产配置的平均水平，谨慎识别非经营性资产和溢余资产。

（6）未来收益预测中主营业务收入、毛利率、营运资金、资本性支出等主要参数应与评估假设及各相关参数相匹配。

（7）充分了解企业所在行业或地区的特殊产业政策，在预测收益和风险时恰当考虑上述产业政策的影响。

（8）预测未来收益时，不仅要考虑企业的生产能力，还应对市场需求进行充分了解和分析，合理预测未来年度的销售规模。

（9）对存在明显周期性波动的企业，在预测企业未来收益时应充分考虑市场需求和价格的变动趋势，特别是对预测期后长期销售价格和数量的预测，应避免采用波峰或波谷价格和销量等不具有代表性的指标来预测收入水平。

（10）对历史上采用关联方销售定价的企业，在预测企业未来收益时应分析定价的公允性及可持续性，恰当选择预测价格。

（11）对享有税收优惠政策的企业，在预测企业未来收益时应分析优惠政策到期后企业持续享有该政策的可能性，谨慎考虑长期税负水平。

（12）根据国家有关法律法规、企业所在行业现状与发展前景、协议与章程约定、企业经营状况、资产特点和资源条件等，恰当确定收益期。

（13）对于重要的敏感性较强的评估参数，如评估假设、价格水平、收益期限、折现率等，应当进行敏感性分析，分析其变动对评估结果的影响；资产评估机构应当制定敏感性分析的具体标准，增强敏感性分析的恰当性。

（14）关于折现率，应综合考虑评估基准日的利率水平、市场投资收益率等资本市场相关信息，以及企业所在行业和企业本身的特定风险等相关因素，合理确定。运用资本资产定价模型（CAPM）和加权平均资本成本（WACC）测算折现率涉及的参数确定时，应遵循《监管规则适用指引——评估类 1 号》的相关要求。

①基本要求

第一，资产评估机构应当研究制定内部统一的测算原则及方法，且一经确定不得随意变更。在执业过程中应当按照制定的统一要求，保持折现率测算原则及方法的一致性。

第二，执行延续性评估项目时，应当关注不同基准日折现率测算的合理性，特别是具体参数等较前次评估基准日发生明显变化的，应当在资产评估报告中充分说明理由。

第三，确保折现率口径与预期收益口径的一致性，资本资产定价模型（CAPM）匹配股权自由现金流，加权平均资本成本（WACC）匹配企业自由现金流。各项参数测算时，应当充分关注不同参数在样本选取、风险考量、参数匹配等方面的一致性。

②无风险利率监管要求

第一，应当关注国债剩余到期年限与企业现金流时间期限的匹配性，持续经营假设前提下应当选择剩余到期年限 10 年期或 10 年期以上的国债。

第二，应当选择国债的到期收益率作为无风险利率，并明确国债的选取范围。

第三，应当在资产评估报告中充分披露国债选取的期限、利率、范围、确定方式、数据来源等。

③市场风险溢价监管要求

第一，如果被评估企业主要经营业务在中国境内，应当优先选择利用中国证券市场指数的历史风险溢价数据进行计算。

第二，计算时应当综合考虑样本的市场代表性、与被评估企业的相关性，以及与无风险利率的匹配性，合理确定样本数据的指数类型、时间跨度、数据频率、平均方法等。

第三，应当在资产评估报告中充分披露市场风险溢价的计算方法、样本选取标准、数据来源等。

④贝塔系数监管要求

第一，应当综合考虑可比公司与被评估企业在业务类型、企业规模、盈利能力、成长性、行业竞争力、企业发展阶段等多方面的可比性，合理确定关键可比指标，选取恰当的可比公司，并应当充分考虑可比公司数量与可比性的平衡。

第二，应当结合可比公司数量、可比性、上市年限等因素，选取合理时间跨度的贝塔数据。

第三，应当在资产评估报告中充分披露可比公司的选取标准及公司情况、贝塔系数的确定过程及结果、数据来源等。

⑤资本结构监管要求

第一，如果采用目标资本结构，应当合理分析被评估企业与可比公司在融资能力、融资成本等方面的差异，并结合被评估企业未来年度的融资情况，确定合理的资本结构；如果采用真实资本结构，其前提是企业的发展趋于稳定；如果采用变动资本结构，应当明确选取理由以及不同资本结构的划分标准、时点等；确定资本结构时，应当考虑与债权期望报酬率的匹配性以及在计算模型中应用的一致性。

第二，应当采用市场价值计算债权和股权的比例；采用账面价值计算的，应当在资产评估报告中充分说明理由。如果被评估企业涉及优先股、可转换债券等，应当予以特别关注。

第三，应当在资产评估报告中充分披露资本结构的确定方法、分析过程、预测依据等。

⑥特性风险系数监管要求

第一，应当明确采用的具体方法，涉及专业判断时应当综合考虑被评估企业的风险特征、企业规模、业务模式、所处经营阶段、核心竞争力、主要客户及供应商依赖等因素，确定合理的特定风险报酬率。

第二，应当综合考虑特定风险报酬率的取值，其在股权折现率整体中的权重应当具有合理性。

第三，应当在资产评估报告中充分披露特定风险报酬率的确定方法、分析过程、预测依据等。

⑦债权期望报酬率监管要求

第一，如果参考银行贷款市场利率（LPR），应当充分考虑被评估企业的经营业绩、资本结构、信用风险、抵质押以及第三方担保等因素；如果采用非市场利率，应当综合考虑被评估企业的融资渠道、债务成本、偿债能力以及与市场利率的偏差等因素，确定合理的债权期望报酬率。

第二，应当在资产评估报告中充分披露债权期望报酬率的确定方法、分析过程、数据来源等。

3.2.1.5 资产基础法的相关要求

资产评估师采用资产基础法评估时，应在合理评估企业各项资产和负债价值的基础上，确定评估对象的价值，资产评估机构应在以下方面加强业务执业质量控制：

（1）充分分析资产基础法的适用条件，对存在大量不可识别和评估的账外资产或负债的企业，应谨慎使用资产基础法。

（2）资产评估师应当根据企业会计政策、生产经营等情况，识别企业资产负债表表内及表外的各项资产、负债，并根据具体情况分别选用适当的方法进行评估。

（3）对于重要的可识别的账外无形资产，应从资产取得、使用、维护等角度，分析其对股权价值的影响，并对其进行评估。

（4）资产评估师应当考虑经济性贬值对资产基础法评估结果的影响，结合企业的收益和资产使用状况，关注持续经营前提下单项资产存在经济性贬值的可能性。

(5) 引用矿业权、土地使用权等其他专业报告时，应对专业机构的独立性与专业报告的可靠性进行必要判断，对其使用前提、假设条件和特别关注事项等进行必要分析，恰当引用专业报告的评估结果。例如，引用其他资产评估结果时，应确信股权评估范围不重不漏，评估报告与其他专业报告所依据的基础数据没有重大差异等。

(6) 关注其他中介机构对同一事项的专业判断结果，对双方存在的重大差异进行调查分析。除非有充分依据证明双方判断都符合相关专业技术规范，否则应当消除重大分歧或说明差异原因。例如，对于有确凿证据证明其可回收性的应收款项，应根据实际情况逐项确定评估值；对于没有确凿证据的，应按账龄分析法等方法估计款项回收风险。

3.2.1.6 市场法的相关要求

资产评估师采用市场法评估，应当从市场交易角度，合理衡量评估对象的价值，资产评估机构应在以下方面加强业务执业质量控制：

(1) 根据收集到的可比企业数量及其经营和财务数据的充分性和可靠性，恰当考虑市场法的适用性。不存在可比企业或交易案例的情况下，不应使用市场法。对被评估企业和参考企业所属的行业、业务结构、经营模式、企业规模、资产配置和使用情况、企业所处经营阶段、成长性、经营风险、财务风险等因素进行分析、比较，合理选择可比企业或交易案例。

(2) 对股权交易的对象、交易背景、交易条件和交易时间等进行调查，恰当选择交易案例或对交易价格进行相应的修正。

(3) 对被评估企业所在行业的价值驱动因素进行分析，结合证券市场、产权交易市场股权定价规律，选择有利于合理确定评估对象价值的价值比率和差异调整方法。

(4) 对各项数据的真实性、准确性和完整性进行必要的分析和判断，计算价值比率时恰当选择相关数据，合理确定数据的时间分布和统计方法，确信被评估企业和可比企业在价值比率的计算方法和数据口径上的一致性。

（5）关注流动性和控制权对股权价值的影响。如果对由此产生的溢价或者折价进行评估，应当有充分合理的依据支持评估结论。

（6）对于重要的敏感性较强的评估参数，如股票价格区间、价值比率种类等因素，应分析其变动对评估结果的影响；资产评估机构应当制定敏感性分析的具体标准，增强敏感性分析的恰当性。

3.2.1.7　评估报告披露

资产评估师出具评估报告，应当在履行必要的评估程序后，恰当披露相关信息，应当在评估报告中披露必要的信息，客观、公正的描述企业，充分揭示市场转化风险、可能面临的处罚风险等事项，加强对期后事项的分析和披露。资产评估机构应在以下方面加强业务执业质量控制：

（1）评估报告应当结合评估项目的特点，充分披露必要信息，使评估报告使用者能够合理理解评估结论。

（2）评估报告应当披露下列事项对评估结论的影响及影响程度：

①产权瑕疵事项，包括但不限于产权证明文件中记载的事项（名称、规格、用途、他项权利等）与实际情况不符、未取得产权证明文件或相关律师意见等。

②被评估股权和对应资产的抵押、质押事项（数量、期限）与涉及的未决诉讼、未执行判决事项。

③评估基准日后、报告日前已获知的可能影响评估结论的重大事项。

④与其他中介机构或所引用的土地估价报告、房地产估价报

告、矿业权评估报告等判断或处理原则不同的事项。

（3）评估报告应当披露评估范围与已经审计财务报表之间的对应关系，以及相关审计报告类型。

（4）评估报告应当对履行现场调查的情况予以说明，如果未实施必要的现场调查，应说明具体原因及其对评估结论可能产生的影响。

（5）评估报告应当披露被评估企业近三年是否有涉及本次评估对象的交易或评估行为，并在适当及切实可行的情况下披露其主要信息。

（6）评估报告应当充分披露对评估结论有重大影响的评估假设，特别是针对行业特点的特殊假设或非持续经营前提等，并说明上述假设不成立时对评估结论的影响。

（7）评估报告应当披露评估结论是否考虑了流动性和控制权对股权价值的影响。

（8）对于重要的敏感性较强的评估参数，在评估报告中应当将分析结果予以披露。

（9）采取收益法对上市公司重大资产重组中拟购买股权进行评估并作为定价参考依据的，评估报告应当披露预测年度的利润表或所预测收益与利润表之间的对应关系。

（10）正确使用免责声明。对于应当由资产评估师进行必要分析和判断的事项，不能简单地作免责声明处理，应履行必要的调查、分析和核实等评估程序，并对评估结论的合理性承担责任。

来源：

《上市公司重大资产重组管理办法》；

《会计监管风险提示第 5 号——上市公司股权交易资产评估》；

《会计监管风险提示第 7 号——轻资产类公司收益法评估》；

《监管规则适用指引——评估类第 1 号》。

3.2.2 财报类证券评估业务

财报类证券评估业务主要包括资产减值测试涉及的评估、资产公允价值评估、合并对价分摊事项涉及的评估等。

按照《企业会计准则第 8 号——资产减值》的规定，公司应当在资产负债表日判断是否存在可能发生资产减值的迹象。对企业合并所形成的商誉，公司应当至少在每年年度终了进行减值测试。利用资产评估机构的工作辅助开展商誉减值测试时，公司应聘请符合规定的资产评估机构，明确约定该工作用于商誉减值测试。

3.2.2.1 评估基本事项

资产评估机构应在与委托人充分沟通的基础上，明确约定涉及商誉减值测试的评估基准日、评估对象、评估范围、价值类型等重素，充分关注评估目的、评估基准日、评估假设、评估对象、评估范围、价值类型等是否与商誉减值测试相符。

（1）评估目的

资产评估机构应在与委托人充分沟通的基础上，明确将用于商誉减值测试目的的评估事项约定为以财务报告为目的的评估。

《资产评估专家指引第 11 号——商誉减值测试评估》提出的建议是，商誉减值测试评估目的是为企业商誉减值测试确定包含商誉资产组或资产组组合的可收回金额提供价值参考。

（2）评估基准日

对因企业合并所形成的商誉，不论其是否存在减值迹象，都应当至少在每年年度终了进行减值测试。此外，当商誉所在资产组或资产组组合出现特定减值迹象时，上市公司应及时进行商誉减值测试，并恰当考虑该减值迹象的影响。

《资产评估专家指引第 11 号——商誉减值测试评估》提出的建议是，商誉减值测试评估基准日通常为资产负债表日。当企业判断包含商誉资产组或资产组组合发生特定减值迹象而委托资产评估机构进行评估时，资产评估师需要了解企业确定的评估基准日、特定减值迹象具体表现以及特定减值迹象出现的时点。

（3）评估假设

《以财务报告为目的的评估指南》规定，资产评估专业人员应当根据以财务报告为目的评估业务的具体情况合理确定评估假设。

（4）评估对象和评估范围

①公司在认定资产组或资产组组合时，应充分考虑管理层对生产经营活动的管理或监控方式和对资产的持续使用或处置的决策方式，认定的资产组或资产组组合应能够独立产生现金流量。需要说明的是，一个会计核算主体并不简单等同于一个资产组。

②公司在确认商誉所在资产组或资产组组合时，不应包括与商誉无关的不应纳入资产组的单独资产及负债。值得注意的是，当形成商誉时收购的子公司包含不止一个资产组或资产组组合时，应事先明确其中与形成商誉相关的资产组或资产组组合。

③公司应在充分考虑能够受益于企业合并的协同效应的资产组或资产组组合基础上，将商誉账面价值按各资产组或资产组组合的公允价值所占比例进行分摊。在确定各资产组或资产组组合的公允价值时，应根据《企业会计准则第 39 号——公允价值计量》的有关要求执行。如果公允价值难以可靠计量，可以按各资产组或资产组组合的账面价值所占比例进行分摊。

④公司在将商誉分摊至相关资产组或资产组组合时，应充分关注归属于少数股东的商誉，先将归属于母公司股东的商誉账面价值调整为全部商誉账面价值，再合理分摊至相关资产组或资产组组合。

⑤因重组等原因，公司经营组成部分发生变化，继而影响到已分摊商誉所在的资产组或资产组组合构成的，应将商誉账面价

值重新分摊至受影响的资产组或资产组组合，并充分披露相关理由及依据。

⑥公司应在购买日将商誉分摊至相关资产组或资产组组合，并在后续会计期间保持一致。当形成商誉时收购的子公司后续存在再并购、再投资、处置重要资产等情形时，除符合上述第五点的条件外，不应随意扩大或缩小商誉所在资产组或资产组组合。

《资产评估专家指引第 11 号——商誉减值测试评估》提出的建议如下：

①商誉减值测试评估对象是包含商誉的资产组或资产组组合。评估范围包括商誉、商誉相关资产组或资产组组合。其中，商誉是完全商誉，既包括归属于母公司股东权益的商誉，也包括归属于少数股东权益的商誉。

②通常商誉减值测试评估范围符合下列要求：

第一，包含商誉资产组或资产组组合通常情况下不包括流动资产、流动负债，但如果不考虑相关资产和负债就无法合理确定评估对象可收回金额的除外。

第二，评估范围不应当包括与预计未来现金流量无关的资产、负债，如溢余资产或负债、非经营性资产或负债。

第三，评估范围不应当包括付息债务等已确认负债，但如果不考虑该负债就无法确定评估对象可收回金额的除外。

第四，与包含商誉资产组或资产组组合业务相关的开发过程中的在建工程、无形资产，如果达到预定生产能力尚需投资金额，完工后现金流可以合理计量，且经企业确认是与商誉相关的资产组，应当纳入评估范围。

第五，商誉相关资产组或资产组组合的账面价值应当与企业合并报表口径保持一致。

③资产评估师需要获取企业提供的评估范围及其对应的资产账面价值、资产类别、资产数量清单，并与企业、审计机构就包

含商誉的资产组或资产组组合的范围进行沟通，取得企业、审计机构确认。如果资产评估师与企业、审计机构意见不一致，可以采纳企业、审计机构的意见。

（5）价值类型

资产组或资产组组合的可收回金额的估计，应根据其公允价值减去处置费用后的净额与预计未来现金净流量的现值两者之间较高者确定。

《资产评估专家指引第 11 号——商誉减值测试评估》提出的建议如下：

①商誉减值测试评估价值类型是可收回金额。可收回金额应当根据包含商誉资产组或资产组组合公允价值减去处置费用后的净额与预计未来现金流量的现值两者之间较高者确定。

②已确信包含商誉资产组或资产组组合公允价值减去处置费用后的净额、预计未来现金流量的现值两者中任意一项金额已超过评估对象账面价值时，可以以该金额为依据确定评估结论。

③包含商誉资产组或资产组组合的公允价值减去处置费用后的净额如果无法可靠估计，可以以预计未来现金流量的现值作为可收回金额。

④如果包含商誉资产组或资产组组合可收回金额的评估仅依据公允价值减去处置费用后的净额或预计未来现金流量的现值中一种方式确定，评估结论应当表述为包含商誉的资产组或资产组组合可收回金额不低于该金额。

资产评估机构应按约定的评估目的、评估基准日、评估对象、评估范围、价值类型等要素开展评估工作，不得随意变更关键评估要素，不得以股权、企业价值的评估报告代替以财务报告为目的的评估报告。

3.2.2.2 现场调查与核查验证

资产评估机构应对商誉所在资产组或资产组组合进行现场调

查，并对收集的资料进行必要的核查验证，合理利用观察、询问、访谈、核对、函证、监盘、勘查、书面审查、实地调查等手段：

（1）应充分关注商誉所在资产组或资产组组合的法律、物理、技术与经济等具体特征，合理判断相关资产组或资产组组合独立产生现金流的能力，关注其与商誉初始确认时的资产组或资产组组合的一致性；

（2）应充分了解商誉所在资产组或资产组组合所处的宏观经济环境、行业发展趋势、市场容量和竞争状况、地域因素等外部环境信息及公司产能、生产现状、在手合同及订单、商业计划等内部经营信息，并评价其与委托人提供的财务预算或预测数据的一致性。

《资产评估专家指引第 11 号——商誉减值测试评估》提出的建议如下：

（1）资产评估师应当关注企业提供的包含商誉资产组或资产组组合与商誉初始确认、以前会计期间商誉减值测试时是否一致，如果不一致，应当提示企业说明包含商誉资产组或资产组组合变动的原因及其是否符合《企业会计准则第 8 号——资产减值》的相关规定。

（2）资产评估师对包含商誉资产组或资产组组合独立产生现金流能力的核查，通常包括下列四个方面：

①关注法律权属。资产评估师可以通过审阅、核对或者访谈等手段，对评估范围内主要资产权属是否存在权属不清、存在瑕疵，权属关系复杂、权属资料不完备等予以关注，判断其对评估对象产生现金流能力的影响。

②关注物理状况。资产评估师可以通过现场勘查、实地调查或者询问等手段，对评估范围内主要资产的实际使用状况予以关注，判断主要资产物理状况与其产生现金流的关系。

③关注技术状况。资产评估师可以通过查阅文件、访谈、核对或者利用专家工作等手段，对评估范围主要资产生产技术水平予以关注，判断主要资产技术竞争力水平对其产生现金流的影响。

④关注经济状况。资产评估师可以通过历史财务数据分析、核对或者访谈等手段，关注评估范围内主要资产与其产生现金流能力的关系。

3.2.2.3 评估方法

资产评估机构应根据会计准则的要求，充分分析不同评估方法的适用性，恰当选择与商誉减值测试相适应的评估方法。需要说明的是，后续期间商誉减值测试的评估方法应与以前期间的保持一致，除非有证据显示变更新的评估方法所得出的评估结论更具代表性，或原有的评估方法不再适用。

《资产评估专家指引第11号——商誉减值测试评估》提出的建议如下：

（1）商誉减值测试评估需要计算公允价值减去处置费用后的净额时，资产评估师可以采用市场法、收益法、成本法计算包含商誉资产组或资产组组合的公允价值。

①采用市场法计算包含商誉资产组或资产组组合公允价值时，资产评估师需要关注可比对象实际交易所在市场和评估对象模拟有序交易所在的主要市场或最有利市场是否一致。若选择从事相似业务的上市公司作为可比对象，需要知晓作为资产组或资产组组合的评估对象与作为股权的可比上市公司在资产性质及价值内涵方面的差异，并在计算价值比率时进行相应调整。

②采用收益法计算包含商誉资产组或资产组组合公允价值时，资产评估师应当从主要市场（最有利市场）中市场参与者的角度确定评估对象的最佳用途，并考虑其对评估对象未来收益预测的影响。通常情况下，评估对象的现行用途可以视为最佳用

途，除非市场因素或者其他因素表明市场参与者按照其他用途使用该资产可以实现价值最大化。

③采用成本法计算包含商誉资产组或资产组组合公允价值时，由于商誉无法单独评估，该方法通常仅适用于资产组部分资产公允价值高于评估对象账面价值的特殊情形。在此情形下，资产评估师需要取得企业对商誉资产组或资产组组合价值可以通过未来运营得以全额收回的承诺，并在资产评估报告中提示评估结论仅在此前提下成立。

④公允价值减去处置费用后的净额计算中，资产评估师通常需要考虑的处置费用包括与评估对象处置有关的法律费用、相关税费等。

（2）商誉减值测试评估需要计算预计未来现金流量的现值时，资产评估师应当取得商誉相关资产组或资产组组合所在企业管理层最近批准的包含商誉资产组或资产组组合的财务预测数据，访谈企业相关人员、了解企业管理层确定的评估假设内容和依据，结合企业内部、外部经营环境，分析历史财务数据，判断企业财务预测数据的可行性。以评估对象账面价值确定基础与可收回金额确定方式一致性为原则，计算包含商誉资产组或资产组组合预计未来现金流量的现值。对取得的经管理层批准的财务预测数据进行核查验证时，如果企业未提供重要参数确定的依据，资产评估师需要判断其对评估结论的影响。如果构成重大影响，不得出具资产评估报告。

3.2.2.4　评估参数

资产评估机构应结合所获取的外部环境信息、内部经营信息，着重考虑已出现的商誉减值迹象，合理选取评估模型与参数。

《资产评估专家指引第 11 号——商誉减值测试评估》提出的建议如下：

（1）资产评估师应当关注企业提供的预计未来现金流量的预测基础是否与包含商誉资产组或资产组组合的账面价值确定基础一致，即二者内涵需对应相同的资产（负债），按照与包含商誉资产组或资产组组合内资产（负债）一致的基础预测未来现金流量。

（2）资产评估师需要关注企业提供的预计未来现金流量应当以资产当前状况为基础、以税前口径为依据，分析销量、价格、成本、费用、增长率等关键参数预测的合理性。资产评估师需要关注以前会计期间企业预测财务数据的实现情况。如果以前会计期间预测财务数据与实际实现存在重大偏差，需要了解企业管理层识别出的导致偏差的主要原因，关注当期预测财务数据是否充分考虑了相关因素的影响，并调整了当期财务数据预测基础。

（3）资产评估师应当知晓预计包含商誉资产组或资产组组合的未来现金流量不应当考虑将来可能发生的、尚未作出承诺的重组事项或者与资产改良有关的事项，但评估基准日已发生支出的与包含商誉资产组或资产组组合业务相关的在建工程、开发过程中的无形资产等事项对未来现金流量的影响应当予以考虑，同时应当考虑预期为使该资产达到预定可使用或者可销售状态发生的全部现金流出。预计包含商誉资产组或资产组组合的未来现金流量也不应当包括筹资活动产生的现金流入或者流出以及与所得税收付有关的现金流量。

（4）当预计未来现金流量受内部转移价格影响时，资产评估师需要提醒企业管理层按照在公平交易中对未来价格的最佳估计数确定未来现金流量。

（5）资产评估师取得的经企业管理层批准的预计未来现金流量详细预测期通常涵盖 5 年，如涵盖更长期间，应当取得企业管理层的合理性说明。预计未来现金流量收益期通常以包含商誉资产组的核心资产（商誉）为依据确定。商誉未来收益期不可确定，但包含商誉资产组或资产组组合未来经营期限受法律、协议等因素影响的，如矿业企业资产组、签订经营期限企业资产组等，应当以法律、协议约定的年限为基础计算确定预计未来现金流量的收益期。预计未来现金流量资本性支出应当以维持包含商誉资产组或资产组组合正常运转或原定正常产出水平为基础确定。同时商誉相关资产组包括与其业务相关的已发生支出的在建工程或者开发过程中的无形资产等事项时，应当将为使该资产达到预定可使用或可销售状态发生的现金流出作为资本性支出。

（6）资产评估师应当知晓详细预测期之后预计现金流量可以保持稳定的或递减的增长率，如果企业管理层提供证据表明递增的增长率是合理的，可以以递增的增长率为基础。详细预测期之后增长率，不应当超过企业经营的产品、市场、所处的行业或者所在国家或者地区的长期平均增长率，或者包含商誉资产组或资产组组合所处市场的长期平均增长率。

（7）折现率的确定应当以该资产的市场利率为依据。该折现率是企业作为市场参与者在购置或者投资资产时所要求的必要报酬率。无法从市场获得的，可以使用替代利率估计折现率。替代利率可以根据加权平均资金成本或者其他相关市场利率作适当调整后确定。对折现率的计算，资产评估师应当关注是否与相应的宏观、行业、地域、特定市场、特定市场主体的风险因素相匹配。在计算预计未来现金流量现值时，如果用于计算折现率的基础是税后的，应当将其调整为税前的折现率。但计算公允价值时，资产评估师应当知晓可以采用税后折现率。

（8）预计未来现金流量涉及外币的，资产评估师需要以包含商誉资产组或资产组组合所产生的未来现金流量的结算货币为基础，按照该货币适用的折现率计算现值，然后将该外币现值按照评估基准日的即期汇率进行折算。

3.2.2.5 评估报告披露

资产评估机构应在评估报告或评估说明中充分披露与商誉减值测试相关的评估要素、关键参数及其他对评估结论有重要影响的信息。具体来看：

（1）应在评估报告或评估说明中详细披露评估对象、评估范围、价值类型、评估方法、评估假设等评估要素及其合理性，并充分披露关键评估参数的测算依据和逻辑推理过程。如果选取的关键评估参数与形成商誉时或以前年度商誉减值测试时的信息、公司历史经验或外部信息明显不一致，还应披露存在的差异及其原因。

（2）应关注评估基准日至评估报告日之间发生的与评估对象相关的重大期后事项，包括但不限于内外部环境的重大变化、重大诉讼与仲裁的最新进展等，并在评估报告中详细披露该事项及其对评估结论的影响。

来源：

《会计监管风险提示第8号——商誉减值》；

《资产评估专家指引第11号——商誉减值测试评估》。

注：资产评估专家指引是一种专家建议。资产评估机构执行资产评估业务，可以参照专家指引。

3.2.3 基础设施公募REITs类证券评估业务

根据《公开募集基础设施证券投资基金指引（试行）》，基础设施基金，是指同时符合下列特征的基金产品：①80%以上基金资产投资于基础设施资产支持证券，并持有其全部份额；基金通过基础设施资产支持证券持有基础设施项目公司全部股权；②基金通过资产支持证券和项目公司等载体取得基础设施项目完全所有权或经营权利；③基金管理人主动运营管理基础设施项目，以获取基础设施项目租金、收费等稳定现金流为主要目的；

④采取封闭式运作，收益分配比例不低于合并后基金年度可供分配金额的 90%。

3.2.3.1　基金上市注册评估

申请注册基础设施基金前，基金管理人应当聘请独立的资产评估机构对拟持有的基础设施项目进行评估，并出具评估报告。

（1）评估报告包括下列内容：评估基础及所用假设的全部重要信息；所采用的评估方法及评估方法的选择依据和合理性说明；基础设施项目详细信息，包括基础设施项目地址、权属性质、现有用途、经营现状等，每期运营收入、应缴税收、各项支出等收益情况及其他相关事项；基础设施项目的市场情况，包括供求情况、市场趋势等；影响评估结果的重要参数，包括土地使用权或经营权利剩余期限、运营收入、运营成本、运营净收益、资本性支出、未来现金流变动预期、折现率等；资产评估机构独立性及评估报告公允性的相关说明；调整所采用评估方法或重要参数情况及理由（如有）；可能影响基础设施项目评估的其他事项。

（2）基础设施基金份额首次发售，评估基准日距离基金份额发售公告日不得超过 6 个月；基金运作过程中发生购入或出售基础设施项目等情形时，评估基准日距离签署购入或出售协议等情形发生日不得超过 6 个月。

（3）基础设施基金确定询价区间的，基金管理人和财务顾问应当根据基础设施项目的评估情况，合理确定询价区间，并在询价公告中披露。以认购价格确定的基础设施项目价值高于评估价值 20% 以上的，基金管理人、财务顾问应当披露其中的原因，以及各类网下投资者报价与上述估值的差异情况，并至少在基金公开募集日之前 5 个工作日，发布投资风险特别公告。

（4）基金招募说明书除按照法律法规要求披露相关信息外，还应当披露基础设施基金整体架构及拟持有特殊目的载体情况、基础设施项目尽职调查报告、财务顾问报告（如有）、基础设施项目评估报告，主要参与机构基本情况，包括名称、注册地址与办公地址、成立日期、通讯方式、法定代表人、主要业务负责人等信息。

（5）基金管理人申请基础设施基金上市，应当向上交所、深交所提交基础设施项目评估报告、专项计划尽职调查报告等文件。

来源：

《证券投资基金法》；

《公开募集基础设施证券投资基金指引（试行）》。

3.2.3.2　交易及财务目的评估

（1）需评估的情形

①基础设施基金存续期间：基金管理人应当聘请资产评估机构对基础设施项目资产每年进行1次评估。出现下列情形之一的，基金管理人应当及时聘请资产评估机构对基础设施项目资产进行评估：基础设施项目购入或出售；基础设施基金扩募；提前终止基金合同拟进行资产处置；基础设施项目现金流发生重大变化且对持有人利益有实质性影响；对基金份额持有人利益有重大影响的其他情形。

②购买价值分摊：基金管理人和资产评估机构在确定基础设施项目或其可辨认资产和负债的公允价值时，应当将收益法中现金流量折现法作为主要的评估方法，并选择其他分属于不同估值技术的估值方法进行校验。采用现金流量折现法的，其折现率选取应当从市场参与者角度出发，综合反映资金的时间价值以及与现金流预测相匹配的风险因素。

基金管理人编制财务报表过程中如使用资产评估机构出具的评估值作为公允价值入账依据，应审慎分析评估质量，不能简单依赖资产评估机构的评估值，并在定期财务报告中充分说明公允价值估值程序等事项，且基金管理人依法应当承担的责任不得免除。

③资产减值测试：对于采用成本模式计量的投资性房地产、固定资产、使用寿命确定的无形资产等长期资产，若存在减值迹象的，应当进行减值测试。对于商誉和使用寿命不确定的无形资产，基金管理人应至少于每年年末进行减值测试。基金管理人在进行减值测试时，应当根据《企业会计准则》的规定，确定单项资产或资产组作为减值测试对象，根据其公允价值减去处置费用后的净额与预计未来现金流量的现值孰高来确定其可收回金额。确认发生减值时，基金管理人应当在定期报告中披露可收回金额计算过程。

（2）评估基本事项

基础设施项目资产评估机构应当符合《公开募集基础设施证券投资基金指引（试行）》规定的条件，原则上以收益法作为基础设施项目评估的主要估价方法，并在评估报告及其附属文件中披露评估过程和影响评估的重要参数，包括但不限于土地使用权或经营权剩余期限、运营收入、运营成本、运营净收益、资本性支出、未来现金流预期、折现率等。

基金管理人和资产支持证券管理人应当在相关文件中披露基础设施项目的评估情况、符合《公开募集基础设施证券投资基金指引（试行）》等规定的基础设施项目定期评估和不定期评估安排。

基金管理人应当按照法律法规、企业会计准则及证监会相关规定进行资产负债确认计量，编制基础设施基金中期与年度合并及单独财务报表，财务报表至少包括资产负债表、利润表、现金流量表、所有者权益变动表及报表附注。基金托管人复核基金信息披露文件时，应当加强对基金管理人资产确认计量过程的复核。会计师事务所在年度审计中应当评价基金管理人和资产评估机构采用的评估方法和参数的合理性。

（3）信息披露

基金管理人应当按照法律法规及证监会相关规定，编制并披露基础设施基金定期报告，内容包括：报告期内购入或出售基础设施项目情况；基础设施基金年度报告应当载有年度审计报告和评估报告。

基金信息披露文件涉及评估报告相关事项的，应在显著位置特别声明相关评估结果不代表基础设施项目资产的真实市场价值，也不代表基础设施项目资产能够按照评估结果进行转让。

来源：

《公开募集基础设施证券投资基金指引（试行）》；

《公开募集基础设施证券投资基金运营操作指引（试行）》；

《上海证券交易所公开募集基础设施证券投资基金（REITs）规则适用指引第1号——审核关注事项（试行）》；

《上海证券交易所公开募集基础设施证券投资基金（REITs）规则适用指引第2号——发售业务（试行）》；

《深圳证券交易所公开募集基础设施证券投资基金业务指引第1号——审核关注事项（试行）》；

《深圳证券交易所公开募集基础设施证券投资基金业务指引第2号——发售业务（试行）》。

3.2.3.3 其他相关要求

从事公开募集基金的估值、评价等基金服务业务的机构，应当按照国务院证券监督管理机构的规定进行注册或者备案，并符合国家主管部门相关要求，具备良好资质和稳健的内部控制机制，合规运作、诚信经营、声誉良好，不得存在可能影响其独立性的行为。基金服务机构应当勤勉尽责、恪尽职守，建立应急等风险管理制度和灾难备份系统，不得泄露与基金份额持有人、基金投资运作相关的非公开信息。

资产评估机构为同一只基础设施基金提供评估服务不得连续超过 3 年。资产评估机构在评估过程中应当客观、独立、公正，遵守一致性、一贯性及公开、透明、可校验原则，不得随意调整评估方法和评估结果。

基金管理人可以委托基金服务机构代为办理基金的份额登记、核算、估值、投资顾问等事项，基金托管人可以委托基金服务机构代为办理基金的核算、估值、复核等事项，但基金管理人、基金托管人依法应当承担的责任不因委托而免除。资产支持证券管理人可以与基金管理人聘请相同的专业机构。

基金管理人、财务顾问、资产评估机构等机构、投资者及其他相关主体应当诚实守信、勤勉尽责，严格遵守相关法律法规、本所业务规则的规定，以及相关行业规范，不得进行利益输送或者谋取不当利益。

基金管理人应当在招募说明书中披露财务顾问费、审计与验资费、评估费、律师费、信息披露费以及发售的手续费等情况，并明确费用承担方式。

基础设施基金运作过程中，基金管理人应当按照法律法规规定和基金合同约定主动履行基础设施项目运营管理职责，包括按照本指引要求聘请资产评估机构进行评估。

证监会依法履行职责，有权采取下列措施：

（1）对基金管理人、基金托管人、基金服务机构进行现场检查，并要求其报送有关的业务资料。

（2）进入涉嫌违法行为发生场所调查取证。

（3）询问当事人和与被调查事件有关的单位和个人，要求其对与被调查事件有关的事项作出说明。

（4）查阅、复制与被调查事件有关的财产权登记、通讯记录等资料。

（5）查阅、复制当事人和与被调查事件有关的单位和个人的证券交易记录、登记过户记录、财务会计资料及其他相关文件和资料；对可能被转移、隐匿或者毁损的文件和资料，可以予以封存。

（6）查询当事人和与被调查事件有关的单位和个人的资金账户、证券账户和银行账户；对有证据证明已经或者可能转移或者隐匿违法资金、证券等涉案财产或者隐匿、伪造、毁损重要证据的，经国务院证券监督管理机构主要负责人批准，可以冻结或者查封。

（7）在调查操纵证券市场、内幕交易等重大证券违法行为时，经国务院证券监督管理机构主要负责人批准，可以限制被调查事件当事人的证券买卖，但限制的期限不得超过十五个交易日；案情复杂的，可以延长十五个交易日。

基金服务机构未建立应急等风险管理制度和灾难备份系统，或者泄露与基金份额持有人、基金投资运作相关的非公开信息的，处十万元以上三十万元以下罚款；情节严重的，责令其停止基金服务业务。对直接负责的主管人员和其他直接责任人员给予警告，撤销基金从业资格，并处三万元以上十万元以下罚款。

基金管理人、基金托管人、基金服务机构应当承担的民事赔偿责任和缴纳的罚款、罚金，由基金管理人、基金托管人、基金服务机构以其固有财产承担。依法收缴的罚款、罚金和没收的违法所得，应当全部上缴国库。

来源：

《证券投资基金法》；

《上海证券交易所公开募集基础设施证券投资基金（REITs）规则适用指引第1号——审核关注事项（试行）》；

《上海证券交易所公开募集基础设施证券投资基金（REITs）

规则适用指引第2号——发售业务（试行）》；

《上海证券交易所公开募集基础设施证券投资基金（REITs）业务办法（试行）》；

《深圳证券交易所公开募集基础设施证券投资基金业务办法（试行）》。

4. 从事证券服务业务对质量控制和内部管理的特殊要求

4.1 总体要求

资产评估机构应当依法独立、客观、公正开展业务，建立健全质量控制制度，并指定一名取得资产评估师资格的本机构合伙人或者股东专门负责执业质量控制，保证评估报告的客观、真实、合理。

资产评估机构应当建立并保持有效的质量控制体系、独立性管理和投资者保护机制，恪守职业道德，遵守法律、行政法规、证监会的规定，严格执行评估准则或者其他评估规范，恰当选择评估方法，评估中提出的假设条件应当符合实际情况，对评估对象所涉及交易、收入、支出、投资等业务的合法性、未来预测的可靠性取得充分证据，充分考虑未来各种可能性发生的概率及其影响，形成合理的评估结论。

来源：

《资产评估法》第十七条；

《资产评估行业财政监督管理办法》；

《上市公司信息披露管理办法》。

4.2 具体规定

4.2.1 质量控制体系建设

为规范资产评估机构的业务质量控制行为，明确资产评估机构及其人员的质量控制责任，保护资产评估当事人合法权益和公共利益，中评协在财政部等部门的指导下，制定并于 2010 年 12 月印发了《评估机构业务质量控制指南》，要求自 2012 年 1 月 1 日起，具有证券评估业务资格的资产评估机构正式执行，其他评估机构参照执行。

2017 年，中评协对《评估机构业务质量控制指南》进行修订，形成《资产评估机构业务质量控制指南》。《资产评估机构业务质量控制指南》规定，资产评估机构应当结合自身规模、业务特征、业务领域等因素，建立质量控制体系，保证评估业务质量，防范执业风险。

质量控制体系包括为实现质量控制目标而制定的质量控制政策，以及为政策执行和监控而设计的必要程序，通常由以下八个方面组成：

（1）质量控制责任：资产评估机构应当合理界定和细分质量控制体系中控制主体承担的质量控制责任，并建立责任落实和追究机制。控制主体通常包括：最高管理层、首席评估师、项目负责人、项目审核人员、项目团队成员以及资产评估机构其他人员，不同类别控制主体应当具备履行相应职责的能力和条件。

①最高管理层应当在股东会（或者合伙人会议）授权的或者章程（或者合伙人协议）规定的范围内行使职权，并承担以下职责：第一，树立质量管理意识，让全体人员充分认识到业务质量控制的重要性，全员参与，以达到质量控制目标；第二，制定资产评估机构的服务宗旨，使全体人员理解服务宗旨的内涵，并评审其持续适宜性；第三，在相关职能部门层次上建立质量目标，质量目标应当具体、可测量和可实现，并与服务宗旨保持一致；第四，策划组织架构和质量控制体系，并对其进行定期评审，使其处于适宜、充分和有效的状态；第五，合理授权分支机构的业务权限，对分支机构的业务开展实施控制。

资产评估机构应当强化董事会在制定和组织实施质量控制政策与程序中的责任，建立对重大项目、高风险业务、重大事项等的审议决策制度。

②首席评估师承担以下职责：第一，建立、实施和保持质量控制体系；第二，监控质量控制体系的运行情况，向最高管理层报告并提出改进的建议和方案；第三，组织制定机构内部的技术标准；第四，组织对业务疑难问题或者争议事项进行处理；第五，组织评估人员的业务培训；第六，促进全体人员不断提高业务质量意识；第七，承办最高管理层交办的其他工作。

③项目负责人承担以下职责：第一，评估计划的制订和组织实施；第二，评估业务实施中的协调和沟通；第三，按照程序报告与评估业务相关的重要信息；第四，组织复核项目团队人员的工作；第五，合理利用专家工作及工作成果；第六，组织编制资产评估报告，并审核相关内容；第七，在出具的资产评估报告上签名；第八，组织处理资产评估报告提交后的反馈意见；第九，组织整理归集资产评估档案。

④项目审核人员承担以下职责：第一，审核评估程序执行情况；第二，审核拟出具的资产评估报告；第三，审核工作底稿；第四，综合评价项目风险，提出出具资产评估报告的明确意见。

⑤项目团队成员通常包括承担或者参与资产评估业务项目工作的资产评估专业人员、业务助理人员等。项目团队成员承担以下职责：第一，接受项目负责人的领导，了解拟执行工作的目标，理解项目负责人的工作指令；第二，按照资产评估机构质量控制政策和程序的要求从事具体评估业务工作，形成工作底稿；第三，汇报执行业务过程中发现的重大问题；第四，复核已经完成的工作底稿并接受审核。

⑥处于质量控制体系中的其他人员通常包括业务洽谈人员、业务部门负责人、分支机构负责人、人力资源管理人员、信息管

理人员、档案管理人员、文秘人员等，资产评估机构应当明确该类人员的职责。

（2）职业道德：资产评估机构应当强调遵守资产评估职业道德准则的重要性，按照准则要求坚持独立、客观、公正的原则。资产评估机构可以采用管理层的示范、教育和培训、监控以及对违反资产评估职业道德准则行为的处理等方式予以强化，以利于全体人员遵守资产评估职业道德准则。

资产评估机构应当制定相应制度，采取相应的措施，保证资产评估机构及资产评估师执业独立性；建立执业的回避制度，明确规定在执业过程中可能损害独立性应当予以回避的情形及补救措施。

资产评估机构应当根据有关规定结合业务特点制定具体的收费标准，不得有恶性压价、向他人支付佣金和回扣、采取收入分成和变相降低收费等损害执业质量的行为。

（3）人力资源：资产评估机构应当配置必需的人力资源，并根据业务的变化，对人力资源进行调整和更新。资产评估机构可以从人力资源规划、岗位职责和任职要求、招聘与选拔、教育与培训、绩效考评、薪酬制度等方面考虑制定人力资源政策和程序。在制定项目团队成员配备政策和程序时，可以重点考察项目团队成员是否具备必要的职业道德素质、专业知识和实践经验，以及遵守资产评估机构业务质量控制政策和程序的意识。资产评估机构聘请专家和外部人员协助工作的，其承担的工作也应符合项目质量要求。

（4）资产评估业务受理：资产评估机构应当谨慎地选择客户和业务，在与委托人正式签订资产评估委托合同之前，对拟委托事项进行必要了解，并通过考虑与资产评估业务有关的要求、风险、胜任能力等因素，正确理解拟委托内容，初步识别和评价风险，以确定是否受理评估业务。业务洽谈人员在洽谈业务时，可以重点关注下列事项：①资产评估业务基本事项；②法律、行政法规、资产评估准则规定；③拟委托内容；④被评估单位的情况。

资产评估机构应当根据业务风险，包括来自委托人和其他相关当事人的风险、来自评估对象的风险、来自资产评估机构及其人员的风险、资产评估报告使用不当的风险等，对资产评估业务进行分类，并建立业务质量控制的分类管理制度，对一般风险业务、重大风险业务以及是否涉及公众利益的业务制定不同的质量控制标准和程序。

当发生资产评估委托合同变更、中止、终止情形时，资产评估机构应当采取措施进行处置，并保持记录。采取的措施通常包括：①对变更、中止、终止的情形进行重新审核；②就拟采取的行动及原因与委托人沟通；③将信息传达到相关人员。

（5）资产评估业务计划：资产评估机构制定资产评估业务计划的控制政策和程序等，主要为了达成以下目的：一是项目团队成员了解工作内容、工作目标、重点关注领域；二是项目负责人有效组织和管理资产评估业务；三是管理层人员有效监控资产评估业务；四是使委托人和其他相关当事人了解资产评估计划的内容，配合项目团队工作。

资产评估机构制定资产评估业务计划控制政策和程序，通常可以按照计划编制的流程分别考虑：①在计划编制前对资产评估业务基本事项进一步明确；②资产评估计划编制和批准的参与者；③计划的内容和繁简程度；④计划的编制、审核和批准流程。资产评估机构应当要求资产评估项目负责人组织必要资源编制资产评估计划并开展后续工作，在编制资产评估计划时需考虑是否对委托人和其他相关当事人进行必要的业务指导，是否对项目团队成员进行适当的培训，并确定是否开展初步评估活动。

（6）资产评估业务实施和资产评估报告出具：资产评估机构

制定资产评估业务实施和资产评估报告出具环节的控制政策和程序应当针对以下事项采取相应措施，以保证法律、行政法规和资产评估准则得以遵守，满足出具资产评估报告的要求。

①项目团队组建及工作委派：资产评估机构应当根据业务特征对每项资产评估业务委派项目负责人。项目负责人应当是具备履行职责所要求职业道德、专业知识、执业能力、实践经验的资产评估师。根据项目负责人的建议组建项目团队，明确项目团队成员的职责、权限分工。

②现场调查、评估资料收集、评定估算：根据不同特征资产（企业）的情况，考虑现场调查方案的可行性，评估资料的真实性、完整性和合法性，评估方法的恰当性和评估参数的合理性。

③资产评估报告编制：主要考虑资产评估报告的合规性，具体要求参见《资产评估执业准则——资产评估报告》。

④利用专家工作及相关报告：资产评估机构在执行资产评估业务过程中，因涉及特殊专业知识和经验聘请专家个人协助工作或利用专业报告，以及根据法律、行政法规等要求引用单项资产评估报告的行为，需符合《资产评估执业准则——利用专家工作及相关报告》要求。

⑤疑难问题或者争议事项的解决：相关控制政策和程序通常包括疑难问题的内部报告及处理、处理项目执行过程中的意见分歧。资产评估机构应当建立专业咨询制度，就重大疑难问题或争议事项向内部或外部专家进行咨询。只有对分歧意见形成结论，资产评估机构才能出具资产评估报告。

⑥项目负责人的指导与监督：项目负责人应当对项目团队成员的工作进行指导与监督，相关控制政策和程序通常包括项目团队的组建和管理、业务时间进度、业务沟通、业务风险。

⑦内部审核：资产评估机构应当设置专门部门或者专门岗位实施资产评估业务的内部审核。内部审核的政策和程序通常包

括：内部审核流程，项目审核人员的专业能力要求，审核的时间、范围和方法。未经审核合格的事项不进入下一程序。

资产评估机构应当建立项目质量控制复核制度，根据项目的复杂程度和风险大小，确定不同的复核方法、程序和内容等。资产评估机构应当建立风险管理和质量控制委员会或者设置专门机构对资产评估机构业务质量进行监控和把关，并建立业务质量检查评价制度和业务质量责任追究机制。

⑧资产评估报告签发及提交：资产评估机构应当建立并完善业务报告签发制度，严格各类业务报告的签发人和签发程序；建立业务签发台账，规范业务签发流程。资产评估机构一旦发现已经提交的资产评估报告存在瑕疵、错误等问题时，为挽回不良影响，应当根据问题的严重程度或者潜在影响程度采取的相应措施。

资产评估机构应当建立评估报告和执业风险评估制度，在评估执业的各个阶段和各个环节，均应当进行风险评估，并建立重大风险事项的报告制度，各级专业人员在执业过程中应当向内部质量控制部门或有关主管人员报告所发现的重大风险事项。

（7）监控和改进：资产评估机构应当根据本机构的管理特点，对质量控制体系是否符合准则要求、是否符合本机构实际情况，是否达到了质量目标，以及是否得到有效的实施和保持等情况实施监控。监控措施通常包括：①收集、管理和利用不同渠道来源的相关信息，为评价和改进质量控制体系提供依据；②对质量控制体系运行的过程进行监控；③对质量控制体系的运行情况进行定期检查和评价。

资产评估机构应当根据监控和其他方面的信息对质量控制体系的适当性和有效性进行评价，并提出改进意见。对监控中发现的问题和隐患，质量控制体系中的相关控制主体应当采取适当的纠正和预防措施，并对所采取措施的有效性和效率进行评价。

（8）文件和记录：资产评估机构应当根据重要性和必要性设计评估业务工作底稿、监控和改进记录、质量控制体系评审记录等内容，明确记录的标识、储存、保护、检索、保存期限和超期后处置要求，保持业务质量控制的相关记录，及时归档，并确保质量控制体系各过程中使用的文件均为有效版本。资产评估机构应当建立和完善业务工作底稿的归档、管理和使用制度。

资产评估机构应当按照质量控制准则的要求，制定实施科学、严谨的业务质量控制政策和程序，建立质量控制制度体系，强化风险管理，保障质量控制落到实处。资产评估机构制定的质量控制政策和程序，应当形成书面文件，政策和程序的执行情况应当有适当的记录。

来源：

《资产评估机构业务质量控制指南》；

《评估机构内部治理指引》；

《资产评估机构首席评估师管理办法》。

4.2.2 内部管理制度建设

内部管理制度包括资产评估业务管理制度、业务档案管理制度、人事管理制度、继续教育制度、财务管理制度等。资产评估机构应当建立健全内部管理制度，对本机构的资产评估专业人员遵守法律、行政法规和资产评估准则的情况进行监督，并对其从业行为负责。

来源：

《资产评估法》第十七条；

《资产评估行业财政监督管理办法》。

4.2.3 职业风险防范机制

资产评估机构应当根据业务需要建立职业风险基金管理制

度，或者自愿购买职业责任保险，完善职业风险防范机制。

资产评估机构应当按照《资产评估机构职业风险基金管理办法》的规定提取职业风险基金或购买职业责任保险，提高抵御职业责任风险的能力。资产评估机构建立职业风险基金管理制度的，按照财政部的具体规定提取、管理和使用职业风险基金。因赔付造成职业风险基金余额低于标准要求，提取补足职业风险基金导致净资产不足200万元的，股东或合伙人应当在三个月内注资补足净资产。

来源：

《资产评估法》第二十一条；

《资产评估行业财政监督管理办法》；

《评估机构内部治理指引》；

《资产评估机构职业风险基金管理办法》。

4.2.4 职业道德有关要求

资产评估机构及其资产评估专业人员开展资产评估业务应当遵守法律、行政法规和资产评估准则，坚持独立、客观、公正的原则，履行资产评估委托合同规定的义务，不得出具或者签署虚假资产评估报告或者有重大遗漏的资产评估报告。

资产评估机构及其资产评估专业人员应当诚实守信，勤勉尽责，谨慎从业，遵守职业道德规范，自觉维护职业形象，不得从事损害职业形象的活动。

（1）专业能力

资产评估机构及其资产评估专业人员应当具备相应的评估专业知识和实践经验，能够胜任所执行的证券评估业务，保持和提高专业能力，并如实声明其具有的专业能力和执业经验，不得对其专业能力和执业经验进行夸张、虚假和误导性宣传。当执行某项特定业务缺乏特定的专业知识和经验时，应当采取弥补措施，包括利用专家工作及相关报告等。

（2）独立性

资产评估机构不得受理与自身有利害关系的资产评估业务，不得分别接受利益冲突双方的委托，对同一评估对象进行评估；资产评估专业人员与委托人、其他相关当事人和评估对象有利害关系的，应当回避。

资产评估机构及其资产评估专业人员开展资产评估业务，应当识别可能影响独立性的情形，合理判断其对独立性的影响。资产评估机构可以针对具体评估业务特点采用适当的处理方式保持独立性，如：①对影响独立性和客观性的利益关系等因素进行分析和判断，最大限度地减少或者消除不利因素，直至放弃评估业务，以使对独立性和客观性的不利影响降至可接受水平；②要求内部相关人员就有关独立性的信息进行沟通，以确定是否存在违反独立性的情形；③排除影响资产评估专业人员做出独立专业判断的外部因素干扰。

（3）保密要求

资产评估机构及其资产评估专业人员应当遵守保密原则，对评估活动中知悉的国家秘密、委托人和其他相关当事人的商业秘密、所在资产评估机构的商业秘密负有保密义务，不得向他人泄露在评估活动中获得的不应当公开的信息以及资产评估结论，除非得到委托人的同意或者属于法律、行政法规允许的范围。资产评估专业人员及其他人员在为委托人和其他相关当事人服务结束或者离开所在资产评估机构后，应当按照有关规定或者合同约定承担保密义务。

（4）其他要求

资产评估机构及其资产评估专业人员不得以恶性压价、支付回扣、虚假宣传，或者采用欺骗、利诱、胁迫等不正当手段招揽业务，不得利用开展业务之便，为自己或者他人谋取不正当利益，不得向委托人或者其他相关当事人索要、收受或者变相索要、收受资产评估委托合同约定以外的酬金、财物等。资产评估机构不得允许其他资产评估机构以本机构名义开展资产评估业务，或者冒用其他资产评估机构名义开展资产评估业务；资产评估专业人员不得私自接受委托从事资产评估业务并收取费用，不得签署本人未承办业务的资产评估报告，也不得允许他人以本人名义从事资产评估业务，或者冒用他人名义从事资产评估业务；不得贬损或者诋毁其他资产评估机构及资产评估专业人员。

资产评估机构及其资产评估专业人员执行资产评估业务，应当保持公正的态度，以客观事实为依据，实事求是地进行分析和判断，拒绝委托人或者其他相关当事人的非法干预，不得直接以预先设定的价值作为评估结论。

来源：

《资产评估基本准则》；

《资产评估职业道德准则》；

《资产评估机构业务质量控制指南》。

5. 法律责任与重要案例介绍

5.1 行政处罚类

5.1.1 行政处罚规定

5.1.1.1 未按规定备案

资产评估机构从事证券服务业务未报备案的，证监会依法予以责令改正，可以处相应罚款；相关违法情况纳入证券市场诚信档案。

来源：

《证券法》第二百一十三条、第二百一十五条。

5.1.1.2 未勤勉尽责、出具不实文件

资产评估机构及相关人员未勤勉尽责，所制作、出具的文件有虚假记载、误导性陈述或者重大遗漏的，证监会依法予以责令改正、没收业务收入，并处相应罚款；情节严重的，并处暂停或者禁止从事证券服务业务；对直接负责的主管人员和其他直接责任人员给予警告，并处相应罚款；情节严重的，可以对有关责任人员采取证券市场禁入的措施；相关违法情况纳入证券市场诚信档案。

来源：

《证券法》第一百六十三条、第二百一十三条、第二百一十五条。

5.1.1.3 内幕交易及利用未公开信息交易

资产评估机构及相关内幕信息知情人、非法获取内幕信息的人，从事内幕交易、泄露内幕信息、买卖或者建议他人买卖相关

上市公司证券，或利用因职务便利获取的内幕信息以外的其他未公开的信息、从事与该信息相关的证券交易活动或明示、暗示他人从事相关交易活动，证监会责令依法处理非法持有的证券，没收违法所得，并处相应罚款；情节严重的，可以对有关责任人员采取证券市场禁入的措施；相关违法情况纳入证券市场诚信档案。

来源：

《证券法》第五十三条、第五十四条、第一百九十一条、第二百一十五条、第二百二十一条。

5.1.1.4　操纵证券市场

资产评估机构及相关人员操纵证券市场，影响或意图影响证券交易价格或者证券交易量的，证监会责令依法处理非法持有的证券，没收违法所得，并处相应罚款；情节严重的，可以对有关责任人员采取证券市场禁入的措施；相关违法情况纳入证券市场诚信档案。

来源：

《证券法》第五十五条、第一百九十二条、第二百一十五条、第二百二十一条。

5.1.1.5　编造、传播虚假信息或误导性信息

资产评估机构及相关人员编造、传播虚假信息或者误导性信息，扰乱证券市场的，证监会没收违法所得，并处相应罚款；情节严重的，可以对有关责任人员采取证券市场禁入的措施；相关违法情况纳入证券市场诚信档案。

来源：

《证券法》第五十六条、第一百九十三条、第二百一十五条、第二百二十一条。

5.1.1.6　未按规定保存文件资料

资产评估机构及有关责任人员未按照规定保存有关文件和资料的，泄露、隐匿、伪造、篡改或者毁损有关文件的，证监会依法予以责令改正、警告，并处相应罚款；情节严重的，并处暂停或者禁止从事证券服务业务，可以对有关责任人员采取证券市场禁入的措施；相关违法情况纳入证券市场诚信档案。

来源：

《证券法》第二百一十四条、第二百一十五条。

5.1.1.7 不配合监管工作

资产评估机构及有关责任人员拒绝、阻碍证监会及其工作人员依法行使监督检查、调查职权，证监会依法予以责令改正，处以相应罚款，并由公安机关依法给予治安管理处罚；情节严重的，可以对有关责任人员采取证券市场禁入的措施；相关违法情况纳入证券市场诚信档案。

来源：

《证券法》第一百七十三条、第二百一十五条、第二百一十八条、第二百二十一条。

5.1.2 行政处罚案例介绍

5.1.2.1 交易类相关案例

详见附录 1－1－1、1－1－2。

5.1.2.2 财报类相关案例

详见附录 1－1－2、1－1－3、1－1－4。

5.1.2.3 其他类相关案例

详见附录 1－1－5。

5.2 行政监管措施类

5.2.1 行政监管措施规定

5.2.1.1 未按规定备案

资产评估机构从事证券服务业务，应当按照规定向证监会和财政部备案，违反法律、行政法规和证监会规定的，证监会可以采取责令改正、监管谈话、出具警示函等监管措施。

来源：

《证券服务机构从事证券服务业务备案管理规定》；

《资产评估机构从事证券服务业务备案办法》；

《上市公司信息披露管理办法》等。

5.2.1.2 未勤勉尽责

资产评估机构及其从业人员开展证券服务业务未履行诚实守信、勤勉尽责义务，违反证监会的有关规定、行业规范、业务规则的，由证监会采取责令改正、监管谈话、出具警示函等监管措施。

来源：

《上市公司信息披露管理办法》；

《上市公司重大资产重组管理办法》；

《非上市公众公司重大资产重组管理办法》等。

5.2.1.3 虚假记载或误导性信息

资产评估机构及相关人员从事证券服务业务，出具的文件有虚假记载、误导性陈述或者重大遗漏的，责令改正，证监会可视情节轻重，自确认之日起采取一定期限内不接受该机构出具的专项文件，一定期限内不接受相关签字人员出具的专项文件的监管措施。

来源：

《非上市公众公司监督管理办法》；

《非上市公众公司重大资产重组管理办法》；

《首次公开发行股票并上市管理办法》；

《创业板首次公开发行股票注册管理办法（试行）》；

《科创板首次公开发行股票注册管理办法（试行）》等。

5.2.1.4 未配合监管工作

资产评估机构及相关人员应当配合证监会的监督管理，在规定的期限内提供、报送或者披露相关资料、信息，保证其提供、报送或者披露的资料、信息真实、准确、完整。违反规定的，证监会可以责令改正、监管谈话、出具警示函等监管措施。

来源：

《上市公司信息披露管理办法》等。

5.2.2 行政监管措施案例介绍

5.2.2.1 交易类相关案例

详见附录1-2-1、1-2-2、1-2-3。

5.2.2.2 财报类相关案例

详见附录1-2-4、1-2-5、1-2-6。

5.2.2.3 其他类相关案例

详见附录1-2-7、1-2-8、1-2-9。

5.3 民事赔偿类

5.3.1 民事赔偿责任规定

资产评估机构为证券的发行、上市、交易等证券业务活动制作、出具资产评估报告等文件，应当勤勉尽责，对所依据的文件资料内容的真实性、准确性、完整性进行核查和验证。其制作、出具的文件有虚假记载、误导性陈述或者重大遗漏，给他人造成损失的，应当与委托人承担连带赔偿责任，但是能够证明自己没有过错的除外。

来源：

《证券法》第一百六十三条。

5.3.2 民事赔偿案例

目前资本市场上暂无资产评估机构存在民事赔偿的公开案例。资本市场上已出现对会计师事务所的民事赔偿案例，分别为发生于2021年的五洋建设普通代表人诉讼、康美药业特别代表人诉讼。

5.4 刑事处罚类

5.4.1 刑事责任规定

【提供虚假证明文件罪】承担资产评估、验资、验证、会计、审计、法律服务、保荐、安全评价、环境影响评价、环境监测等职责的中介组织的人员故意提供虚假证明文件，情节严重的，处五年以下有期徒刑或者拘役，并处罚金；有下列情形之一的，处五年以上十年以下有期徒刑，并处罚金：

（1）提供与证券发行相关的虚假的资产评估、会计、审计、法律服务、保荐等证明文件，情节特别严重的；

（2）提供与重大资产交易相关的虚假的资产评估、会计、审计等证明文件，情节特别严重的；

（3）在涉及公共安全的重大工程、项目中提供虚假的安全评价、环境影响评价等证明文件，致使公共财产、国家和人民利益遭受特别重大损失的。

有前款行为，同时索取他人财物或者非法收受他人财物构成犯罪的，依照处罚较重的规定定罪处罚。

【出具证明文件重大失实罪】第一款规定的人员，严重不负责任，出具的证明文件有重大失实，造成严重后果的，处三年以下有期徒刑或者拘役，并处或者单处罚金。

来源：

《刑法修正案（十一）》第二百二十九条。

5.4.2 刑事处罚案例

目前资本市场上暂无资产评估机构遭受刑事处罚的公开案例，但资本市场上已有对会计师事务所的刑事处罚案例，例如上海绿新收购德美公司、中恒通私募债。

5.5 自律监管类

5.5.1 自律监管规定

5.5.1.1 证券交易场所自律监管规定

证券交易场所可以根据资产评估机构的违规行为对证券市场、上市公司、投资者以及证券监管工作造成影响的严重程度等，对其实施相应的监管措施或者纪律处分并记入诚信档案，并可根据情况通报证监会及其派出机构、地方政府和行业自律组织、在证券交易所网站予以公布等。自律监管措施和纪律处分可以单独或合并实施。

来源：

《上海证券交易所纪律处分和监管措施实施办法（2019 年修订）》；

《深圳证券交易所自律监管措施和纪律处分实施办法（2022 年修订）》；

《全国中小企业股份转让系统自律监管措施和纪律处分实施细则（2021 年修订）》。

5.5.1.2 中评协自律惩戒规定

资产评估机构及资产评估专业人员在执业过程中违反国家法律、行政法规、资产评估准则和其他相关规定的，应予以自律惩戒。中评协根据情节轻重予以警告、严重警告、通报批评、公开谴责、取消会员资格，并记入会员信用档案。

来源：
《中国资产评估协会会员执业行为自律惩戒办法》；
《中国资产评估协会会员信用档案管理办法》。

5.5.2 自律监管案例介绍

5.5.2.1 证券交易场所自律监管案例

详见附录1－3－1、1－3－2、1－3－3。

5.5.2.2 中评协自律惩戒案例

详见附录1－3－4、1－3－5。

附录1　相关案例介绍

1-1　行政处罚相关案例

1-1-1　交易类相关案例（2016年）

中国证券监督管理委员会

行政处罚决定书〔2016〕XX号

当事人：XXXX资产评估有限公司（以下简称某评估机构），住所：北京市……。

徐某某，男，196X年8月出生，某评估机构注册资产评估师，住址：上海市……。

朱某，男，196X年3月出生，某评估机构注册资产评估师，住址：上海市……。

依据《中华人民共和国证券法》（以下简称《证券法》）的有关规定，我会对某评估机构违法违规行为进行了立案调查、审理，并依法向当事人告知了作出行政处罚的事实、理由、依据及当事人依法享有的权利。应当事人某评估机构、徐某某、朱某的要求，我会举行听证会，听取了某评估机构及其代理人、徐某某、朱某的陈述和申辩。本案现已调查、审理终结。

经查明，2014年，某评估机构在D上市公司（以下简称D上市公司）下属公司M贵金属经营有限公司（以下简称M有限公司）和W贵金属合约交易中心有限公司（以下简称W有限公司）股东权益价值的评估过程中，存在如下违法事实：

一、某评估机构在评估M有限公司股权价值时违反相关执业准则规定

2014年6月17日，D上市公司子公司D1信息科技有限公司（以下简称D1信息科技）、某评估机构上海分所和M有限公司签订《资产评估业务约定书》。2014年6月19日，某评估机构出具XXXX评报字（2014）第XX6号评估报告。评估报告的评估基准日为2013年12月31日，该日M有限公司账面净资产值11 833.81万元，评估价值55 728.00万元，评估增值43 894.19万元，增值率370.92%。某评估机构收取评估费6万元。

2015年3月14日，D上市公司在答复上海证券交易所有关转让M有限公司70%股权作价公允性问题时公告回复："2014年3月子公司M有限公司由某评估机构出具XXXX评报字（2014）第XX6号资产评估报告，评估值为55 728.00万元。2014年6月将M有限公司70%的股权作价3.92亿元进行转让，故该作价公允。"

（一）以预先设定的价值作为评估结论。一是朱某在进场前了解到委托方的评估期望值为5.6亿元，并称5亿元还是可以试试。二是评估工作底稿中没有M有限公司应当提供的经营计划、发展规划、所在行业状况及发展前景等预测资料，也未对M有限公司的总经理进行访谈。三是应由被评估单位提供的用于盈利预测的基础资料"S-6评估预测"，是评估师依据评估结果代客户倒编形成，其中多次出现"被评估单位"字样。四是评估工作底稿中未记录关键预测数据的形成依据，如2014年至2018年各年开户数增长率、各年人均手续费收入等。五是M有限公司股权价值的评估结果55 728万元占委托方期望的评估值56 000万元的99.51%，某评估机构对此没有合理解释。某评估机构的该项行

为不符合《资产评估职业道德准则——独立性》第六条和《资产评估准则——企业价值》第七条“不得以预先设定的价值作为评估结论”的规定。

（二）某评估机构评估结论存在具有重要影响的实质性遗漏。某评估机构在预测 M 有限公司未来各年所租赁物业的租金、物业管理费时，未考虑 M 有限公司在 2014 年 6 月解除与 D 上市公司的业务合作后，对 D 上市公司原无偿提供的场地将产生的租赁费支出，导致评估值高估 3 979 万元。某评估机构的该项行为不符合《资产评估准则——企业价值》第七条“不得出现对评估结论具有重要影响的实质性疏漏和错误”的规定。

（三）未披露评估基准日（2013 年 12 月 31 日）至评估报告日（2014 年 6 月 19 日）期间发生的影响评估结论的重大事项。2014 年 3 月 15 日，央视财经频道报导的关于部分白银交易所乱象；同时，某评估机构在评估报告日前获知的 M 有限公司将与 D 上市公司提前终止贵金属业务合作的事项，属于《资产评估准则——评估报告》第二十六条规定的“重大期后事项”，某评估机构未将其在评估报告的“十一、特别事项说明”中按规定予以披露，不符合《资产评估准则——评估报告》第二十六条“注册资产评估师应当说明特别事项可能对评估结论产生的影响，并重点提示评估报告使用者予以关注”的规定。

（四）未对现金、银行存款、预付账款、其他应收款和访谈记录等实施有效的评估程序。一是评估工作底稿无现金监盘表。二是无银行、预付账款询证函。三是评估报告日期早于应付账款询证函回函日期。四是部分访谈记录主要要素填写不完整，《被评估企业厂长、总经理访谈记录表》中的访谈对象为“空”。某评估机构的该项行为不符合《资产评估准则——评估程序》第十九条“注册资产评估师应当通过询问、函证、核对、监盘、勘查、检查等方式进行调查，获取评估业务需要的基础资料，了解评估对象现状，关注评估对象法律权属”的规定。

（五）评估工作底稿不符合规定。某评估机构收集的与评估业务相关的资料无提供人的签字、盖章，不符合《资产评估准则——工作底稿》第十三条“应当由提供方在相关资料中签字、盖章或者以其他方式进行确认”的规定。评估工作底稿编制日期早于业务承接日期，部分评估工作底稿无审核人员签字或签署不符合规定，不符合《资产评估准则——工作底稿》第十四条“工作底稿应当反映内部审核过程。审核人在审核工作底稿时，应当书面表示审核意见并签字”的规定。

二、某评估机构在评估 W 有限公司股权价值时违反相关执业准则规定

2014 年 12 月 5 日，D 上市公司、某评估机构上海分所和 W 有限公司签订《资产评估业务约定书》。2014 年 12 月 10 日，某评估机构出具 XXXX 评报字（2014）第 XX7 号评估报告。评估价值 5.8 亿元。评估目的是为 D 上市公司拟转让其持有的 W 有限公司部分股权提供价值参考。某评估机构收取评估费 6 万元。

D 上市公司第二届董事会 2014 年第八次临时会议决议公告（临 2014－083）、D 上市公司第二届监事会第十五次会议决议公告（临 2014－84）和 D 上市公司 2014 年第五次临时股东大会决议公告（临 2014－089）审议通过了《关于转让所持 W 贵金属合约交易中心有限公司 25% 股权的议案》，该议案中披露股权交易价格以某评估机构出具的 XXX 评报字（2014）第 XX7 号《资产评估报告书》中确定的标的股份的评估值作为确定依据，标的股份的转让价格确定为 14 500 万元。

（一）以预先设定的价值作为评估结论。一是朱某在进场前得知委托方的评估期望值为 5.8 亿元。二是评估师预测 W 有限公司 2015 年－2018 年各年收入的增长率分别是 18%、15%、12%、12%，但评估工作底稿中未记录该增长率的确定依据。三是应由

被评估单位提供用于盈利预测的“S－6评估预测”材料是评估师代客户倒编形成，评估工作底稿中无W有限公司提供的盈利预测数，评估师仅依据访谈内容“公司将在2015年进一步扩大市场，准备上20个新的品种，该计划现已落实，总成交量将扩大3－5倍以上”做出了盈利预测。四是W有限公司股权价值的评估结果为5.8亿元，与委托方的期望评估结果完全相同，某评估机构对此没有合理解释。某评估机构的该项行为不符合《资产评估准则——企业价值》第七条“不得以预先设定的价值作为评估结论”的规定。

（二）未按规定取得银行询证函、编制银行存款余额调节表。某评估机构的该项行为不符合《资产评估准则——评估程序》第十九条“注册资产评估师应当通过询问、函证、核对、监盘、勘查、检查等方式进行调查，获取评估业务需要的基础资料，了解评估对象现状，关注评估对象法律权属”的规定。

（三）评估报告的出具日期早于内部审核日期，部分评估工作底稿缺失“主管经理签字”。某评估机构的该项行为不符合《资产评估准则——工作底稿》第七条“工作底稿应当真实完整”的规定，以及第十四条“工作底稿应当反映内部审核过程。审核人在审核工作底稿时，应当书面表示审核意见并签字”的规定。

上述违法事实，有相关公告、决议、评估报告、协议、评估工作底稿、相关人员询问笔录、通讯记录等证据证明，足以认定。

某评估机构在评估M有限公司、W有限公司股权价值中未勤勉尽责的行为，违反了《证券法》第一百七十三条关于“证券服务机构为证券的发行、上市、交易等证券业务活动制作、出具审计报告、资产评估报告、财务顾问报告、资信评级报告或者法律意见书等文件，应当勤勉尽责，对所依据的文件资料内容的真实性、准确性、完整性进行核查和验证”的规定，构成《证券法》第二百二十三条所述“证券服务机构未勤勉尽责，所制作、出具的文件有虚假记载、误导性陈述或者重大遗漏”的违法行为。徐某某、朱某是直接负责的主管人员。

某评估机构、徐某某、朱某在听证与申辩材料中提出应当免予处罚，理由如下：

（一）M 有限公司评估项目。1. 法律适用。《证券法》第一百七十三条适用的情形必须是以“证券服务机构”的身份从事“为证券的发行、上市、交易等证券业务活动制作、出具各类专业文件”的专业行为。本案中，某评估机构评估服务的对象是 D1 信息科技，被评估的标的单位是 M 有限公司，两家有限公司之间的股权转让行为不应当适用《证券法》第一百七十三条的规定。

2. 评估报告的使用情况。没有证据表明 D1 信息科技转让 M 有限公司股权价值时使用了某评估机构出具的评估报告：（1）2014 年 6 月 10 日 D 上市公司召开董事会时“未曾提及聘请过评估机构对 M 有限公司股权评估的事项”。（2）D 上市公司在 2014 年 6 月 11 日、6 月 13 日发布的两份公告（临 2014－033 号、临 2014－036 号）中，将本次股权转让价格确定的一般原则和方法表述为：“以 XX 会计师事务所（特殊普通合伙）出具的《M 有限公司 2013 年度审计报告》（XX 报字（2014）第 XXXXX4 号）为依据，遵循公平合理的定价原则，并参照市场价格确定”，将关联交易的价格确定的具体方法表述为：“考虑到公司的核心价值是管理团队、销售服务团队及客户资源，综合客户价值、盈利能力、经营环境、今年以来的市场及规模变化等因素，经与购买方黄某某先生协商确定目标公司 70% 股权的交易价格为 39 195 万元”。

3. 未以预设值作为评估结论。（1）事先了解委托方的评估期望值是评估师事务所对其从事评估工作的执业风险进行管控的合理做法。评估人员之间的短信沟通属于项目组内部关于评估风险以及评估结果的沟通、商议，并未以此作为预先设定的评估价值。(2) 某评估机构取得了 M 有限公司提供的有关其未来经营和发展规划的纸质版文件，以及未来盈利预测的电子资料。因其提供的盈利预测太过乐观冒进，评估人员对数据进行了分析调整，最终形成了“S－6 评估预测”并以书面形式取得了 M 有限公司的盖章确认。符合《资产评估准则——企业价值》第四章第二十七条“注册资产评估师应当……对委托方或者相关当事方提供的企业未来收益预测进行必要的分析、判断和调整，在考虑未来各种可能性及其影响的基础上合理确定评估假设，形成未来收益预测。”的规定。(3) M 有限公司收入主要为人均手续费收入、人均点差费收入和人均延期费收入，某评估机构分别对三项收入和开户数未来增长率进行了分析。(4) 预测的 M 有限公司 2014 年和 2015 年的营业收入、净利润与实际经营业绩的差异是由实际经营过程中 M 有限公司受到多方面外力影响所致。

4. 评估结论不存在重要影响的实质性遗漏。(1) M 有限公司与 D 上市公司终止贵金属业务合作并不必然导致 M 有限公司需要立即开始向 D 上市公司支付其无偿使用的办公场所的租金和物业费。(2)“重大遗漏”的标准在《证券法》和《资产评估准则——企业价值》中均未做进一步的规定。(3) 根据对 M 有限公司业务类型的判断，评估师有合理理由相信在办公场所的无偿使用许可终止后，M 有限公司也无需将其实际办公面积由 2 287.48 平方米扩展到 5 508.92 平方米，评估时可以合理假定两者之间相差的 3 221.44 平方米将被用于对外转租，不应产生租金和物业费的成本。

5. 不需披露涉案期后事项。央视财经频道报导以及提前终止与 D 上市公司的贵金属业务合作均已经在评估结果中予以考虑且已体现在评估说明中，因此不需要再予以披露。

6. 评估程序符合规定。(1) 对银行存款等科目采用了替代程序，如复印所有银行账户的银行对账单及余额调节表，并全部核对相符；抽查了部分银行收支凭证。(2) 评估基准日预付账款申报表填列数值与明细表、总账、资产负债表的余额核对相符。对预付账款等科目实施了函证，对未回函且金额较大的部分按照准则要求采用了替代程序。(3) 报告日期早于其他应收款询证函回函日期属于正常现象，回函认定无误，不影响评估报告的正式出具。

(二) W 有限公司评估项目。1. 未以预设值作为评估结论。(1) 事先了解委托方对评估结果期望值的行为属于评估单位对其从事评估工作的执业风险进行管控的合理做法，不能成为认定其在评估开始前的业务洽谈环节已经实施了预先设定价值的依据。(2) W 有限公司收入主要为交易手续费收入、隔夜仓息收入和现货收入，某评估机构分别对三项收入未来增长率进行了分析。(3) 评估师已经对 W 有限公司 4 名管理层就经营计划，发展规划及收益相关情况等进行了访谈并将记录存入评估工作底稿，符合《资产评估准则——企业价值》第十四条的相关要求。(4) “S－6 盈利预测”已经经过 W 有限公司的确认并加盖公章，应当视为从 W 有限公司处获得的有效的盈利预测数据。(5) 根据《资产评估准则——企业价值》第四章第二十七条的规定：“注册资产评估师应当……对委托方或者相关当事方提供的企业未来收益预测进行必要的分析、判断和调整，在考虑未来各种可能性及其影响的基础上合理确定评估假设，形成未来收益预测”。故评估师在访谈基础上整理形成的“S－6 盈利预测”，仍然是基于 W 有限公司对未来盈利的主动预测进行的，不存在“代客户倒编”的问题。

2. 函证仅是注册资产评估师可选择执行的程序之一，并非必须执行的评估程序。银行账户余额与对账单金额的差异，是由于部分对账单未打印形成纸质工作底稿，根据《资产评估准则——工作底稿》第二章第八条的规定，“注册资产评估师可以根据评估业务具体情况合理选择工作底稿的形式”。

3. 公司的内核、审批流程通常在评估报告的出具日期之后，故评估报告的出具日期早于正式签字盖章并提交给委托方的时间符合《评估准则》的相关规定。

我会认为，某评估机构、徐某某、朱某的上述申辩理由不能成立：

（一）M有限公司评估项目。1. 根据《上市公司信息披露管理办法》第三十三条“上市公司控股子公司发生本办法第三十条规定的重大事件，可能对上市公司证券及其衍生品种交易价格产生较大影响的，上市公司应当履行信息披露义务”的规定，第三十条“公司的重大投资行为和重大的购置财产的决定”的规定，D上市公司对其控股子公司D1信息科技的该项股权转让交易具有披露义务，故某评估机构对M有限公司的股权价值进行评估的行为受《证券法》第一百七十三条的约束。

2. 评估报告是否使用与我会对认定某评估机构行为构成《证券法》第二百二十三条所述违法行为无直接关系，且D上市公司2015年3月14日发布的公告披露了M有限公司的某评估机构出具了评估值为55 728万元的评估报告这一核心信息。

3. 某评估机构以预先设定的价值作为评估结论。（1）某评估机构预先了解委托方期望的评估值主要是为避免“评估费用无法顺利收取”，故不认可其是遵照《评估机构业务质量控制指南》第二条“评估机构应当结合自身规模、业务领域等因素，建立质量控制体系，保证评估业务质量，防范执业风险”的说法。（2）业务承接当天朱某与项目组成员邵某雯沟通称5亿元还是可以试试。（3）本应由被评估单位提供的“S－6评估预测”中，对M有限公司的称谓为“被评估公司”，而非“本公司”等细节，足以表明该材料系某评估机构代客户编制。(4) 邵某雯电子版评估工作底稿《收益法表格－民泰（朱）0615修改（差4万)》显示，该评估工作底稿的评估值是55 996万元，与D上市公司的期望评估值56 000万元相差4万。（5）某评估机构的“评估结果”55 728万元占“委托方期望的评估值”56 000万元的99.51%。(6) D1信息科技取得M有限公司股权时，M有限公司2013年7月31日股权价值的评估值为10 270万元，某评估机构对M有限公司2013年12月31日股权价值评估值为55 728万元，短短5个月时间，增值率即达到442.63%。(7) 某评估机构的预测结果与M有限公司的实际情况差异较大。2014年6月19日，某评估机构预测的M有限公司2014年的净利润（盈利558.75万元）是M有限公司2014年实际净利润（盈利94.52万元）的5.9倍，预测的M有限公司2015年1－6月的净利润（盈利3 509万元）比实际净利润（亏损1 134.57万元）大4 643.56元。(8) 结合评估过程关键数据预测无依据，未对高风险的现金实施有效监盘、未获取相应银行询证函证、未获取相应往来询证函等，可以认定某评估机构以预先设定的价值作为评估结论。

4. D上市公司与M有限公司先有《贵金属业务合作协议》(以下简称《合作协议》)，后有D上市公司无偿提供物业给M有限公司使用事宜。(1) 根据《合作协议》，合作期间D上市公司可收取为M有限公司开拓客户所产生收入的90%作为佣金，2013年10－12月D上市公司向M有限公司收取了约2.16亿元收入，2014年1－6月D上市公司向M有限公司收取了约5 422.98万元收入。(2) D上市公司提供给M有限公司免费使用的物业是D上市公司向他人租赁而来，以D上市公司2013年度和2014年度执行的租金计算，D上市公司每年需为无偿提供给M有限公司使用的物业支付租金约894.22万元。

从商业逻辑判断，M有限公司终止与D上市公司的业务合作后，D上市公司不会继续为M有限公司承担每年约894.22万元的房租。从实际执行情况看，M有限公司提供的租金支付凭证和物业租赁合同显示，M有限公司从2014年6月27日开始实际支付租金。

此外，某评估机构评估工作底稿中未见M有限公司未来仅需要且仅会租赁2 287.48平方米办公面积的相关证据。

5. 根据《资产评估准则——评估报告》第二十六条第三款，“评估报告的特别事项说明通常包括下列内容：……（三）重大期后事项，……注册资产评估师应当说明特别事项可能对评估结论产生的影响，并重点提示评估报告使用者予以关注”。发生在评估基准日（2013年12月31日）和评估报告日（2014年6月19日）期间的3.15央视报道贵金属交易乱象，以及D上市公司与M有限公司终止贵金属业务合作，无论评估师在确定M有限公司2014年6－9月开户数增长率时是否予以了考虑，均应当在重大期后事项中予以披露。

6. 货币资金属于高风险项目，应当特别关注，银行对账单无法替代银行询证函。M有限公司预付账款期末余额超过100万的客户有3个，目前的证据显示，某评估机构仅对其中一个客户的预付账款期末余额实施了替代程序，且替代程序显示的该客户预付账款金额与评估审定金额不一致。M有限公司其他应收款期末余额142 440 203.42元，其中应收天津贵金属交易所139 838 952.75万元，某评估机构在未收到回函且未实施替代程序的情况下出具评估报告。

（二）W有限公司评估项目。1. 某评估机构未以预先设定的价值作为评估结论的申辩理由不能成立。(1) 期望评估值（5.8亿元）与评估值（5.8亿元）完全相同违反常理。(2) 评估师预先了解委托方期望的目的是为了规避“一旦评估的结果与企业的要求相差太远，就容易发生矛盾纠纷，进而导致评估费用无法顺利收取”的风险，故不认可其是遵照《评估机构业务质量控制指南》第二条“评估机构应当结合自身规模、业务领域等因素，建立质量控制体系，保证评估业务质量，防范执业风险”的说法。(3) 根据《资产评估准则——工作底稿》第六条、第十一条，评估工作底稿中未包含当事人申辩资料中列举的收入增长率的预测依据，故可以认定某评估机构确定2015年至2018年各年收入的增长率无依据。(4) W有限公司出具的证明：“……并未提供过公司未来销售情况的预测数据”。根据当事人笔录，访谈中时任W有限公司副总经理杜某刚提到：“公司将在2015年进一步扩大市场，准备上20个新的品种，该计划现已落实，总成交量将扩大3－5倍以上”，某评估机构在未获取其他更进一步的预测发展数据的情况下进行了一系列假设。本应由被评估单位提供的“S－6评估预测”，实际为评估人员编制形成委托方所期望的评估结果后由被评估单位签字、盖章，故评估工作底稿中的“S－6评估预测”是根据评估结果代客户倒编形成。(5) 关键风险控制程序尚未执行完毕的情况下出具评估报告。综上，可以认定某评估机构以预先设定的价值作为评估结论。

2. 货币资金属于高风险项目，应当特别关注，银行对账单无法替代银行询证函，且金额较大，应当按照《资产评估准则——工作底稿》第八条的规定“同时形成纸质文档”。

3. 根据《资产评估准则——评估报告》第二十八条规定，“评估报告载明的评估报告日通常为注册资产评估师形成最终专业意见的日期”，故评估报告的出具日期应为某评估机构一审、二审和三审审核结束并形成最终专业意见的日期。本案中三审复核结束的日期是2014年12月17日，而评估报告的出具日期是2014年12月10日，早于内部审核的日期。

根据当事人违法行为的事实、性质、情节与社会危害程度，依据《证券法》第二百二十三条的规定，我会决定：

一、责令某评估机构改正违法行为，没收业务收入12万元，并处以36万元罚款。

二、对徐某某、朱某给予警告，并分别处以10万元罚款。

上述当事人应自收到本处罚决定书之日起15日内，将罚没款汇交中国证券监督管理委员会（开户银行：中信银行总行营业部，账号：7111010189800000162，由该行直接上缴国库），并将注有当事人名称的付款凭证复印件送中国证券监督管理委员会稽查局备案。当事人如果对本处罚决定不服，可在收到本处罚决定书之日起60日内向中国证券监督管理委员会申请行政复议，也可在收到本处罚决定书之日起6个月内直接向有管辖权的人民法院提起行政诉讼。复议和诉讼期间，上述决定不停止执行。

中国证监会

2016年7月20日

1-1-2　交易类及财报类相关案例（2018年）

中国证券监督管理委员会浙江监管局
行政处罚决定书（浙〔2018〕X号）

当事人：XXXX资产评估有限公司（以下简称某评估机构），住所：上海市……。

侯某某，女，196X年1月出生，相关评估报告的签字资产评估师，住址：上海市……。

刘某某，男，196X年1月出生，相关评估报告的签字资产评估师，住址：江苏省……。

依据《中华人民共和国证券法》（以下简称《证券法》）的有关规定，我局对某评估机构违反证券法律法规行为进行了立案调查、审理，并依法向当事人告知了作出行政处罚的事实、理由、依据及当事人依法享有的权利。当事人未提出陈述、申辩意见，也未要求听证。本案现已调查、审理终结。

经查明，某评估机构存在以下违法事实：

一、评估项目基本情况

2016年8月6日，某评估机构与H上市公司签订《评估业务约定书》，约定某评估机构对H上市公司拟收购项目涉及的J金融科技服务有限公司（以下简称J有限公司）股东全部权益价值进行评估并出具报告，评估服务收费48万元。2016年9月12日，某评估机构出具《H上市公司拟股权收购项目涉及的J有限公司股东全部权益价值评估报告》（XXXX评报字〔2016〕第XXX0号，以下简称《收购评估报告》），签字资产评估师为侯某某、刘某某。

2017年3月27日，某评估机构与XX会计师事务所（特殊普通合伙）签订《评估咨询业务约定书》，约定某评估机构对XX控股股份有限公司拟商誉减值测试项目涉及的J有限公司股东全部权益价值进行评估并出具报告，评估咨询服务收费4万元。2017年4月21日，某评估机构出具《XX控股股份有限公司拟商誉减值测试项目涉及的J有限公司股东全部权益价值评估咨询报告》（XXXX评咨字〔2017〕第XXX9号，以下简称《减值评估报告》），签字资产评估师为侯某某、刘某某。

二、评估工作的具体问题

（一）折现公式使用存在错误，导致评估结果被低估

《收购评估报告》中，需要对J有限公司子公司J1支付科技有限公司（以下简称J1有限公司）未来收益进行折现。《减值评估报告》中，需要对J有限公司及其子公司未来收益进行折现。

两份报告中描述的对上述未来收益折现确定其价值的计算公式为：

$$P = \sum_{i-1}^{n} \frac{R_i}{(1+r)^i} + \frac{R_{n+1}}{r(1+r)^n}$$

其中 r 为折现率，n 为预测年限，R_i为评估对象未来第 i 年的预期收益，其折现系数为 $1/r(1+r)^i$，R_{n+1}为评估对象第 n+1 年起至收益期末即稳定期的预期收益，$1/r(1+r)^n$为稳定期的折现系数。在评估项目计算底稿中，对上述稳定期的预期收益实际使用的折现系数计算公式却为 $1/r(1+r)^{(n+1)}$，该错误导致两份报告的评估结果均被低估。

（二）多计资产，导致评估结果被高估

在预测各期所得税时，由于 J1 有限公司 2016 年 1－3 月及 2016 年均存在亏损，评估师在《收购评估报告》中预测 2016 年 4－12 月的所得税以及在《减值评估报告》中预测 2017 年度的所得税时，均预计当期有足够利润可抵扣上期亏损，故《收购评估报告》在计算 J1 有限公司 2016 年 4－12 月的所得税以及《减值评估报告》在计算 J1 有限公司 2017 年度的所得税时，分别抵扣了上期未弥补亏损 462.29 万元和 1 033.74 万元。该处理使上期的未弥补亏损已在当期得以消化，相应由未弥补亏损产生的递延所得税资产不能在当期作为一项资产来进行评估。但评估师在两份报告底稿中评估 J1 有限公司的非经营性资产时，仍将上述未弥补亏损产生的递延所得税资产作为一项非经营性资产来评估，导致两份报告的评估结果均被高估。

（三）未扣除代收项目，导致《收购评估报告》评估结果被高估

《收购评估报告》中，J1 有限公司作为第三方支付机构，其货币资金中存在客户备付金，该客户备付金属于预收代付资金，

不应作为J1有限公司的资产计入溢余资产评估。但某评估机构在对J1有限公司评估时，对基准日溢余资产按“溢余资产=基准日货币资金余额-安全运营现金”的计算口径来确定，未扣除基准日货币资金中的客户备付金，多计J1有限公司资产4 118.86万元，导致《收购评估报告》评估结果被高估。

上述第一至三项问题导致两份报告评估结果最终被低估，其中《收购评估报告》评估值低估10 545万元；《减值评估报告》评估终值（低值）低估11 600万元，评估终值（高值）低估15 500万元。

上述行为违反了《资产评估准则——评估报告（2004）》第五条、《资产评估准则——基本准则（2004）》第七条、《资产评估职业道德准则——基本准则（2004）》第十条、《资产评估准则——企业价值（2004）》第七条以及《资产评估指南——以财务报告为目的的评估指南（试行）（2004）》第六条的相关规定。

（四）《收购评估报告》披露事项不完整

2015年，Z资本管理有限公司（以下简称Z有限公司）与原J有限公司股东张某某签订《增资协议》，Z有限公司出资1.2亿元对J有限公司增资，占增资后J有限公司10%股权。截至《收购评估报告》评估基准日2016年3月31日，Z有限公司实际出资8 400万元，剩余3 600万元于2016年4月13日出资到位。对于J有限公司上述截止评估基准日未增资到位、评估基准日后增资到位事项，某评估机构未在《收购评估报告》的特别事项段中予以说明。

上述行为违反了《资产评估准则——评估报告（2004）》第六条、第二十六条以及《资产评估准则——基本准则（2004）》第七条的相关规定。

以上违法事实清楚，有相关工作底稿、评估报告、情况说明、相关人员询问笔录等证据证明，足以认定。

某评估机构在上述评估业务实施过程中，未勤勉尽责，多处违反《资产评估准则（2004）》《资产评估职业道德准则（2004）》以及《资产评估指南（2004）》的相关规定，导致出具的报告不准确、不完整，违反了《证券法》第一百七十三条“证券服务机构为证券的发行、上市、交易等证券业务活动制作、出具审计报告、资产评估报告、财务顾问报告、资信评级报告或者法律意见书等文件，应当勤勉尽责，对所依据的文件资料内容的真实性、准确性、完整性进行核查和验证”的规定，构成《证券法》第二百二十三条“证券服务机构未勤勉尽责，所制作、出具的文件有虚假记载、误导性陈述或者重大遗漏”所述之情形。签字资产评估师侯某某和刘某某是上述行为直接负责的主管人员。

根据当事人违法行为的事实、性质、情节与社会危害程度，依据《证券法》第二百二十三条规定，我局决定：

一、责令某评估机构改正违法行为，没收两次评估业务收入共52万元，并处以52万元罚款。

二、对侯某某、刘某某给予警告，并分别处以3万元罚款。

上述当事人应自收到本处罚决定书之日起15日内，将罚没款汇交中国证券监督管理委员会（开户银行：中信银行总行营业部，账号：7111010189800000162，由该行直接上缴国库），并将注有当事人名称的付款凭证复印件送我局备案。当事人如果对本处罚决定不服，可在收到本处罚决定书之日起60日内向中国证券监督管理委员会申请行政复议，也可在收到本处罚决定书之日起6个月内直接向有管辖权的人民法院提起行政诉讼。复议和诉讼期间，上述决定不停止执行。

中国证券监督管理委员会浙江监管局

2018年7月18日

1-1-3 财报类相关案例（2017年）

中国证券监督管理委员会
行政处罚决定书〔2017〕6X号

当事人：辽宁XXXX资产评估有限公司（以下简称某评估机构），住所：辽宁省……。

吴某，男，196X年9月出生，某评估机构注册资产评估师，住址：辽宁省……。

张某某，男，196X年10月出生，某评估机构注册资产评估师，住址：辽宁省……。

曹某，男，197X年10月出生，北京XXXX资产评估有限公司员工，住址：北京市……。

依据《中华人民共和国证券法》（以下简称《证券法》）的有关规定，我会对某评估机构违法违规行为进行了立案调查、审理，依法向当事人告知了作出行政处罚的事实、理由、依据及当事人依法享有的权利，并应当事人的要求举行了听证，听取了当事人的陈述和申辩。本案现已调查、审理终结。

经查明，某评估机构存在以下违法事实：

一、未勤勉尽责，制作、出具的评估报告有虚假记载

D纸业股份有限公司（以下简称D有限公司）与某评估机构于2015年1月签订业务委托书，委托某评估机构对D有限公司关停制浆车间和碱回收车间所涉及的相关资产可回收价值进行评估。2015年2月28日，某评估机构向D有限公司出具了〔2015〕第002号（碱回收项目）、第003号（中段水项目）、第007号（氧化塘项目）《评估咨询报告》，评估基准日为2014年12月31日。碱回收项目纳入评估范围的资产在评估基准日的账面净额合计为13 321.55万元，评估价值为3 552.16万元，评估

减值 9 769.39 万元，减值率为 73.34%。中段水项目纳入评估范围的资产在评估基准日的账面净额合计为 3 678.16 万元，评估价值为 1 492.15 万元，评估减值 2 186.01 万元，减值率为 59.43%。氧化塘项目纳入评估范围的资产在评估基准日的账面净额合计为 9 706.21 万元，评估价值为 4 089.44 万元，评估减值 5 616.77 万元，减值率为 57.87%。D 有限公司根据评估结果计提了减值准备。上述 3 个评估咨询报告的签字评估师均为吴某、张某某，项目现场负责人为曹某。某评估机构收取评估咨询费 30 万元，税后业务收入为 283 018.86 元。

（一）某评估机构对 D 有限公司中段水和氧化塘项目评估方法不当、计算公式错误，参数计算不科学，从而导致评估结果错误。一是在中段水和氧化塘项目的评估报告中列示的评估方法名为市场法，但在实际操作过程中按照成本法进行计算估值。其行为违反了《资产评估准则——基本准则》第十六条、《资产评估准则——评估程序》第二十五条、《以财务报告为目的的评估指南（试行）》第三十六条的相关规定。二是在中段水项目和氧化塘项目中计算经济性贬值率和评估值的过程中均使用了错误的计算公式。其中在中段水项目中，运用错误的计算公式得出的评估结果为 1 492.15 万元，正确的评估结果应为 2 074.17 万元，评估差错为偏低 582.02 万元，评估差错率为 28.06%。在氧化塘项目中运用错误的计算公式得出的评估结果为 4 089.44 万元，正确的评估结果应为 5 684.56 万元，评估差错为偏低 1 595.12 万元，评估差错率为 28.06%。其行为违反了《资产评估准则——基本准则》第七条、《资产评估准则——评估程序》第二十六条的相关规定。三是某评估机构对中段水和氧化塘项目的机器设备、建筑物及构筑物评估的过程中，未考虑被评估资产在 2014 年之前已经发生的经济性贬值，在计算经济性贬值率参数时收集资料不充分、使用数据不合理。其行为违反了《资产评估准则——基本准则》第七条、《资产评估准则——评估程序》第二十二条、第二十六条的相关规定。

（二）某评估机构对碱回收项目机器设备评估依据不充分、评估程序不到位、评估值计算公式适用错误，导致评估结果错误。一是调查依据不充分，评估程序不到位。评估师在对机器设备材质和重量数据的现场估算中完全依赖于企业，没有对企业估算的机器设备重量进行核查验证，也未制作操作类工作底稿记录相关现场估算的人员、依据和过程。二是计算过程中公式适用错误，对评估结论缺乏分析比较。评估师误将评估明细表所列设备总重理解为单重，且未对单项评估结果的重大异常情况进行分析关注，造成碱回收项目机器设备评估结果为3 552.16万元，正确的评估结果应为2 555.27万元，评估差错为偏高996.89万元，评估差错率为11%。其行为违反了《资产评估准则——基本准则》第七条、第十八条，《资产评估准则——评估程序》第二十四条、第二十七条，《资产评估准则——工作底稿》第十一条的相关规定。

（三）其他未勤勉尽责情况。一是某评估机构对中段水项目、氧化塘项目的构筑物及附属设施工程量估算缺乏依据。中段水项目、氧化塘项目的评估底稿中均无中段水、氧化塘构筑物及附属设施工程预决算等资料，某评估机构也没有制作操作类工作底稿记录对中段水项目、氧化塘项目构筑物及附属设施工程量的勘查和估算过程，不符合《资产评估准则——基本准则》第十八条、《资产评估准则——工作底稿》第十一条的相关规定。二是某评估机构在碱回收、中段水项目评估过程中未获取委托单位出具的承诺函。两个项目评估工作底稿所归档的D有限公司出具的《资产评估委托方及产权持有单位承诺函》的抬头均不是某评估机构，不符合《资产评估准则——评估报告》第二十九条的规定。

三是某评估机构在氧化塘项目评估咨询报告和评估咨询说明对评估范围内的机器设备的数量、账面原值和账面净值的列示存在巨大差异，有关构筑物的账面原值和账面净值也存在明显差异，不符合《资产评估准则——评估报告》第十八条的规定。四是某评估机构在执业过程中还存在违反资产评估业务基本流程、管理类工作底稿填制错漏较多、质量控制方面三级复核流于形式等诸多问题。

二、在被检查调查期间伪造、篡改有关文件和资料

在接受我会检查、调查期间，某评估机构为掩盖前述中段水项目和氧化塘项目中将计算经济性贬值公式用于计算评估值的错误，让D有限公司重新出具一份产能证明，降低可利用的数值，以维持评估结果不变；并据此对原评估报告和电子底稿进行篡改后提交我会，同时调换了保存在D有限公司的原评估报告。

以上事实，有相关项目评估咨询报告及说明、评估工作底稿、相关人员询问笔录、情况说明、电子设备取证资料等证据证明，足以认定。

我会认为，某评估机构未勤勉尽责，所制作、出具的评估报告有虚假记载，违反了《证券法》第一百七十三条的规定，构成《证券法》第二百二十三条所述违法行为。签字评估师吴某、张某某为直接负责的主管人员，现场负责人曹某为其他直接责任人员。某评估机构在被检查调查期间伪造、篡改有关文件和资料的行为违反了《证券法》第一百八十三条的规定，构成《证券法》第二百二十五条所述违法行为。

某评估机构、吴某、张某某、曹某在听证与申辩材料中提出应当免予处罚，理由如下：

1. 某评估机构向D有限公司出具的是评估咨询报告，并非评估报告。现行法律法规和准则对评估咨询报告的具体工作方

法、工作程序及工作档案、底稿编制等均没有明确规定，评估咨询报告不受资产评估准则的约束。本案中某评估机构参照评估准则开展了评估咨询业务，虽没有严格按照准则规定办理评估咨询事项，亦不构成对相关法律法规和准则的违反。

2. 2014年7月22日《国务院关于取消一批行政审批项目等事项的决定》（国发〔2014〕27号）第七项已经取消了对注册资产评估师的认定，从当时起注册资产评估师许可和认定已经被取消，作为规范注册资产评估师的上述文件当然失效。

3. 评估咨询报告并未改变D有限公司的真实资产状况，并未导致其股价发生任何不利变化。

4. 在调查期间，某评估机构按照D有限公司的委托和实际产能情况，对评估咨询报告中的内容进行修正，并非对原有文件和资料进行篡改，也没有伪造任何资料。此外某评估机构还提出即便吴某、曹某有前述行为，也只是他们的个人行为，与某评估机构无关。

我会认为，某评估机构、吴某、张某某、曹某的上述申辩理由不能成立，具体如下：

1. 某评估机构以其向D有限公司出具的三份报告名为评估咨询报告为由，主张其执业行为不受资产评估法规、准则的约束，理由不能成立。其一，上述评估咨询报告在评估依据、评估方法、实施程序、报告格式及内容、底稿编制等方面与评估报告均无实质差异，而当事人在书面文件中亦未将评估咨询与评估二词作实质区分，多处直接使用评估报告、评估结论的表述。如评估咨询报告正文中有“依据国家相关法律、法规和资产评估准则，遵循独立、客观、公正的原则，采用市场法，按照必要的评估程序，对贵公司拟进行减值测试涉及的相关资产2014年12月31日的市场价值进行了评估”的表述；《注册资产评估师声明》中亦有“在执行本资产评估业务中，遵循相关法律法规和资产评估准则，……并对评估结论合理性承担相应的法律责任”的表述等。其二，根据某评估机构工作底稿所附的 D 有限公司 2014 年 12 月 24 日公告，“公司将尽快聘请评估机构对相关资产进行减值测试，本次关停资产对公司 2014 年度利润的最终影响数将以评估报告数据为准”，可见上述评估咨询报告是作为评估报告来使用的，某评估机构对本次评估目的及用途也是明知的。综上，本案中某评估机构接受 D 有限公司委托，出具评估咨询报告的行为本质上仍属资产评估执业行为，应遵循资产评估相关法规及执业准则规定。

2. 2014 年 7 月 22 日《国务院关于取消一批行政审批项目等事项的决定》（国发〔2014〕27 号）仅仅是取消注册资产评估师的行政许可和认定，本质上是注册资产评估师的资格准入管理制度的调整，并不能直接依此认定注册资产评估师资格失效，更不能认为规范注册资产评估师的执业准则一并失效。《中国资产评估协会关于暂停办理注册资产评估师注册的通知》中明确规定，暂停办理资产评估师注册工作期间，资产评估师年检、转所、撤销等工作照常进行，原注册资产评估师证书和印鉴继续有效。而同时期注册资产评估师仍应按照相关业务准则规范执业。

3. 评估执业行为是否违规的判断标准是评估机构有无勤勉尽责，而不以其行为是否改变评估对象真实资产状况，或导致相关公司股价发生不利变化为认定前提。

4. 根据本案调查取得的证据，某评估机构项目负责人吴某及现场负责人曹某为掩盖评估中的计算错误，让 D 有限公司重新出具产能证明，并据此修改、调换评估报告及电子底稿，其伪造、篡改文件资料的行为有相关书证、短信记录、询问笔录等为证，某评估机构辩称其行为是对咨询意见的修正，与事实、证据不符。某评估机构是此次调查对象，上述资料由其向我会提供，吴某、曹某是某评估机构接受检查、调查期间的主要联系人和经办人，某评估机构主张伪造、篡改文件资料的行为系吴某、曹某个人行为的理由不能成立。

根据当事人违法行为的事实、性质、情节与社会危害程度，依据《证券法》第二百二十三条及第二百二十五条的规定，我会决定：

一、对某评估机构在执业中未勤勉尽责的行为，责令改正，没收其评估业务收入283 018.86元，并处以566 037.72元罚款；对直接负责的主管人员吴某给予警告，并处以5万元罚款；对张某某给予警告，并处以3万元罚款；对其他直接责任人员曹某给予警告，并处以5万元罚款。

二、对某评估机构在接受检查、调查期间伪造、篡改有关文件、资料的行为，给予警告，并处以30万元罚款。

当事人应自收到本处罚决定书之日起15日内，将罚没款汇交中国证券监督管理委员会（开户银行：中信银行总行营业部，账号：7111010189800000162，由该行直接上缴国库），并将注有当事人名称的付款凭证复印件送中国证券监督管理委员会稽查局备案。当事人如果对本处罚决定不服，可在收到本处罚决定书之日起60日内向中国证券监督管理委员会申请行政复议，也可在收到本处罚决定书之日起6个月内直接向有管辖权的人民法院提起行政诉讼。复议和诉讼期间，上述决定不停止执行。

中国证监会

2017年6月5日

1－1－4　财报类相关案例（2019年）

中国证券监督管理委员会
行政处罚决定书〔2019〕3X号

当事人：广东XXXX资产评估有限公司（以下简称：某评估机构），住所：广东省……。

汤某某，男，196X年10月出生，时任某评估机构法定代表人，注册资产评估师，住址：广东省……。

黄某某，男，196X年10月出生，时任某评估机构员工，注册资产评估师，住址：广东省……。

张某某，女，197X年12月出生，时任某会计师事务所员工，经某评估机构同意以其名义承做本案评估项目，住址：广东省……。

依据《中华人民共和国证券法》（以下简称《证券法》）的有关规定，我会对某评估机构违法违规行为进行了立案调查、审理，并依法向当事人告知了作出行政处罚的事实、理由、依据及当事人依法享有的权利，当事人未提出陈述、申辩意见，也未要求听证。本案现已调查、审理终结。

经查明，当事人在对C上市公司（以下简称C上市公司）所涉上海XXXX四期商业广场项目投资的市场价值进行评估的过程中涉嫌违反多项评估准则，未勤勉尽责，制作、出具的文件有虚假记载。具体事实如下：

一、评估项目基本情况及评估过程

某评估机构与C上市公司约定本次评估目的是确定C上市公司长期投资中对上海XXXX四期商业广场项目投资在评估基准日2014年12月31日的市场价值，为C上市公司会计核算提供参考依据；评估对象范围包括上海XXXX四期商业广场A、

B、C、D、E区14 803.72平方米商业用房、2 184平方米车库及其土地使用权；资产价值类型采用市场价值；评估服务费为人民币5万元。约定某评估机构于2015年3月4日前提供评估报告电子版终稿，2015年3月10日前提供纸质版正式报告。黄某某是本次评估项目负责人、签字评估师；某评估机构负责人汤某某为另一签字评估师；外聘人员张某某实际负责本次评估项目的现场勘查与资料收集、评定估算、底稿以及报告的编制工作。

2015年1月17日，张某某选取C上市公司名下住宅交易案例作为可比较案例，使用市场法，估算并确定评估值512 304 620元，在没有提交黄某某等某评估机构内部审核的情况下，将包含上述评估值的评估明细表通过邮件发给C上市公司王某某。C上市公司以上述评估明细表上的评估值进行会计核算，审计机构也在上述评估值的基础上进行了年报审计。

2015年3月3日，黄某某对张某某以前述住宅案例完成的评估报告初稿进行修改后提交某评估机构质控部门审核，由于存在计价依据不足及停车场无询价记录问题，未通过某评估机构的审核。3月4日，黄某某向张某某反馈复核部门的复核意见，要求张某某依据复核意见修订评估报告。同日，张某某在找不到可比较案例的情况下通过电子邮件向C上市公司王某某发送该评估报告初稿，评估值仍然为512 304 620元。审计机构于2015年3月6日出具了审计报告。

2015年7月底，由于C上市公司催要正式评估报告，某评估机构也催收评估费用，张某某重新进行了询价，网上获取2015年7月的3个可比较商铺案例，将交易日期篡改为2014年12月31日，根据案例调整评估说明，编制工作底稿，同时相应调整评估报告，但仍然维持评估值512 304 620元不变，最终通过某评估机构的审核。黄某某与张某某出于“评估报告日期应在审计报告之前”的考虑，最终决定将报告日期倒签为2015年1月15日，并报汤某某同意。某评估机构于7月底正式签发了“某评估机构评报字〔2015〕081号”评估报告书及同一编号的评估说明书。2015年9月22日，C上市公司支付了5万元评估费。

二、未履行适当的评估程序

（一）未对停车场进行询价

某评估机构在本次评估中选用市场法，评估对象包括2 184平方米车库及其土地使用权，但未对停车场进行询价。

（二）在商铺可比较交易案例的交易时间与评估基准日相差7个月的情况下未执行修正程序，且未进行现场询价

案例一“甲地铁旺铺、6号线洲海路站无缝衔接、阳光天地”与案例三“丙转角旺铺”挂牌单价信息发布时间分别为2015年7月14日及2015年7月26日，均与评估基准日相差近7个月，但未执行相关交易日期修正，而是在评估计算过程中直接在《因素条件说明表》里将交易日期篡改为2014年12月；案例二“乙三期”在底稿中无挂牌单价相关证据。在此基础上，按现场询价价格评定估算，但实际未执行现场询价。

（三）评估底稿倒签相关文件日期

某评估机构根据倒签的评估报告日期重新调整、编制评估底稿并归档，涉及的主要内容如下：第一，倒签业务约定书的相关日期；第二，倒签工作底稿中的管理类底稿及操作类底稿相关日期。

某评估机构上述行为违反了《资产评估准则——评估程序》第五条、第六条、第二十六条，《资产评估准则——不动产》第二十三条、第二十五条，《以财务报告为目的的评估指南（试行）》第三十一条以及《资产评估准则——工作底稿》第六条、第七条、第十一条的规定。

三、以预先设定的价值作为评估结论

黄某某及张某某均知晓C上市公司已使用2015年3月4日张某某发送的评估报告初稿的评估结论，故在2015年7月出具评估报告时，在变更商铺可比较案例后决定不更改评估结论，只是调整了《评估说明书》的内容，且在《评估说明书》中存在以下多处数据错误及前后矛盾的情况下，评估结果依然沿用了512 304 620元的评估值：

一是《评估说明书》中记载的三个可比案例均有现场询价实际交易价格，但实际未进行现场询价；二是可比案例一的现场询价交易价格与《因素条件说明表》中记载的交易价格前后矛盾；三是《因素条件说明表》中列明应予修正的因素在《比较因素条件指数表》中未予对照修正；四是《比较因素条件修正计算表》没有记载修正系数计算具体方法且根据表中数据无法得出修正系数相关数值；五是交易案例二使用比准单价公式实际计算结果与记载不一致。最后，即便按照比准单价公式与《比较因素条件修正计算表》所列数据计算，也无法得出33 500元的比准价格，进而无法得出512 304 620元的评估值。

上述行为违反了《资产评估职业道德准则——基本准则》第八条以及《以财务报告为目的的评估指南（试行）》第六条的规定。

四、制作与出具的《评估说明书》《评估报告书》存在虚假记载

（一）《评估说明书》存在虚假记载

一是《评估说明书》中有关资产清查盘点时间存在虚假记载。张某某实际安排高某龙前往上海对标的资产相关房产进行现场盘点、勘查的时间晚于《评估说明书》中的清查盘点时间以及清查工作完成的时间。二是《评估说明书》中有关交易案例的交易时间存在虚假记载。案例一与案例三的信息发布时间均为2015

年 7 月份，而《评估说明书》却将交易时间记载为 2014 年 12 月，且指出交易时间与评估基准日较近。三是《评估说明书》中的评估结果存在虚假记载。黄某某及张某某以预先设定的价值作为评估结论，在 2015 年 7 月调整商铺参照物后，却依然沿用 2015 年 3 月评估报告初稿的评估值，而《评估说明书》中存在多处数据错误及前后矛盾，且根据列示的参数与公式无法得出上述评估值。

（二）《评估报告书》存在虚假记载

在《评估说明书》的评估结果存在虚假记载的情况下，《评估报告书》评估结论亦存在虚假记载。此外，在 2015 年 7 月底正式签发评估报告时，某评估机构不按照形成最终专业意见的日期载明评估报告日，而将评估报告日期倒签为 2015 年 1 月 15 日。

上述行为违反了《资产评估准则——基本准则》第七条以及《资产评估准则——评估报告》第二十八条的规定。

上述违法事实，有《评估报告书》、《评估说明书》、评估底稿、某评估机构提供的《情况说明》、C 上市公司提供的《情况说明》等材料以及相关人员询问笔录等证据证明，足以认定。

某评估机构的上述行为违反了《证券法》第一百七十三条“证券服务机构为证券的发行、上市、交易等证券业务活动制作、出具审计报告、资产评估报告……等文件，应当勤勉尽责，对所依据的文件资料内容的真实性、准确性、完整性进行核查和验证”的规定，构成《证券法》第二百二十三条所述“证券服务机构未勤勉尽责，所制作、出具的文件有虚假记载、误导性陈述或者重大遗漏”的行为以及第二百二十六条第三款所述“证券服务机构违反本法规定或者依法制定的业务规则”的行为。

对某评估机构的上述违法行为，《评估报告书》的签字注册评估师汤某某、黄某某是直接负责的主管人员，具体执行评估工作的张某某是其他直接责任人员。

根据当事人违法行为的事实、性质、情节与社会危害程度，依据《证券法》第二百二十三条的规定，我会决定：

一、责令某评估机构改正，没收业务收入5万元，并处以15万元的罚款；

二、对汤某某、黄某某、张某某给予警告，并分别处以5万元、5万元以及3万元罚款。

上述当事人应自收到本处罚决定书之日起15日内，将罚没款汇交中国证券监督管理委员会（财政汇缴专户）开户银行：中信银行总行营业部，账号：7111010189800000162，由该行直接上缴国库，并将注有当事人名称的付款凭证复印件送中国证券监督管理委员会稽查局备案。当事人如果对本处罚决定不服，可在收到本处罚决定书之日起60日内向中国证券监督管理委员会申请行政复议，也可在收到本处罚决定书之日起6个月内直接向有管辖权的人民法院提起行政诉讼。复议和诉讼期间，上述决定不停止执行。

中国证监会

2019年5月15日

1－1－5　其他类相关案例（2016年）

中国证券监督管理委员会
行政处罚决定书〔2016〕XX号

当事人：XXXX资产评估有限公司（以下简称某评估机构），注册地址：北京市……。

孟某某，男，197X年10月出生，某评估机构安徽业务部项目负责人，住址：安徽省……。

张某，男，196X年6月出生，某评估机构安徽业务部部门经理，住址：安徽省……。

依据《中华人民共和国证券法》（以下简称《证券法》）的有关规定，我会依法对某评估机构未勤勉尽责行为进行了立案调查、审理，并向当事人告知了作出行政处罚的事实、理由、依据及当事人依法享有的权利。当事人某评估机构、孟某某、张某要求陈述申辩，并要求举行听证。2015年11月17日我会依法举行听证会，听取了当事人某评估机构、孟某某、张某的陈述申辩。本案现已调查、审理终结。

经查明，某评估机构存在以下违法事实：

一、某评估机构对苏山岛海域使用权评估的假设不合理

2012年12月，H上市公司（以下简称H上市公司）决定以公司拥有的海域使用权及其围堰造礁工程等配套设施和一宗土地使用权作为抵押物发行10亿元公司债券，并于2013年5月1日决定在本次拟发债抵押担保资产的范围中增加5宗土地使用权和7幢房屋建筑物。2013年9月18日，证监会发行审核委员会审核通过了H上市公司本次公开发行公司债券的申请。

为配合本次债券发行工作，某评估机构对H上市公司拟发债抵押担保资产进行了两次评估，并于2012年12月24日出具了XX评报字〔2012〕第150号评估报告，收取评估费15万元；于2013年5月16日出具了XX评报字〔2013〕023号评估报告，收取评估费5万元，两份评估报告签字注册评估师均为孟某某和张某。

涉案两份评估报告中S岛海域评估价值均为55 554.23万元，该价值占XX评报字〔2012〕第150号评估报告评估总价值的24.5%，占XX评报字〔2013〕023号评估报告评估总价值的21.34%。两份评估报告对S岛海域使用收益法预测的重要前提

是：S 岛约 89 603.55 亩全部采用人工鱼礁养殖方式，每亩·年投放参苗（秋苗）4 000 头。在收入预测时，假设 H 上市公司从 2012 年 10 月开始投苗，每亩每年投放参苗（秋苗）4 000 头，养殖时间满 2 年，可全部收获。采用人工鱼礁养殖方式进行养殖，从 2015 年起即可获得全面达产的稳定收益，并按每亩的年产量 70 公斤预测收入。某评估机构采用收益法对 S 岛海域使用权进行评估。在以上假设前提下，按照收益法的计算方式，得出 S 岛海域的海域使用权评估价值为 55 554.23 万元。

经调查，某评估机构对 S 岛海域使用权评估的假设不合理。第一，2012 上半年 H 上市公司在 S 岛海域进行了实验性投苗，共投放参苗 1 117 266.00 头，占评估假设投苗量的 0.31%。此外，在评估基准日（2012 年 9 月 30 日）至评估报告出具日（2012 年报告的出具日为 2012 年 12 月 24 日，2013 年报告的出具日为 2013 年 5 月 16 日）期间，H 上市公司未继续在 S 岛海域投放海参苗；第二，H 上市公司在 S 岛海域拟采用的海参养殖方式为深海网箱或者是深海网箱与人工鱼礁相结合的方式，而非单纯的人工鱼礁养殖方式，在不同养殖方式下海参的投苗量及成活率不同，会对海参预测产量产生较大影响；第三，在纳入评估范围的近 10 万亩海域中全面投放海参苗需要一个较长的过程，因此，实现全面达产收益也需要一个过程。因此，我会认为，某评估机构关于被评估海域能够自 2015 年起即可持续获得亩产量 70 公斤稳定收益的假设不合理。

二、某评估机构未能勤勉尽责，及时关注期后事项

经调查，自评估基准日至评估报告出具日，H 上市公司没有在 S 岛海域投放海参苗。某评估机构在进行评估时，没有关注到该重大期后事项，存在未勤勉尽责行为，导致出具的评估报告存在重大遗漏。

综上，在本次评估中，某评估机构未根据评估业务实施过程

中的情况变化及时补充收集评估资料，未考虑上述重要事实对2015年即可获得稳定收益假设产生的重大影响，未合理估算S岛海域海参的预测产量及收益产生的起始时间，在对被评估资产的未来收益产生的起始点及预测产量不能确定的情况下，选用收益法进行评估，违背了收益法应用的重要前提即被评估资产的未来预测收益和预测期限是可以预测的，导致形成的评估结论不合理，评估报告存在误导性陈述和重大遗漏。某评估机构未勤勉尽责行为违反了《证券法》第一百七十三条的规定，构成《证券法》第二百二十三条所述“证券服务机构未勤勉尽责，所制作、出具的文件有虚假记载、误导性陈述或者重大遗漏”的情形。某评估机构出具上述两项评估报告的业务收入为20万元，直接负责的主管人员为孟某某和张某。

以上事实，有相关评估报告、工作底稿、当事人询问笔录和相关说明等证据证明，足以认定。

听证会上，当事人对《事先告知书》认定的事实予以承认，但认为该事实不构成未勤勉尽责情形。当事人辩称，本案中对S岛海域使用权的评估属于对单项资产的评估。在对单项资产进行评估时，评估机构不需对该资产实际所有人、使用人的生产经营条件和能力进行调查、核实。因此，尽管当事人存在《事先告知书》中认定的情形，但不属于未勤勉尽责情形。我会认为，评估师在实际执业过程中，其未勤勉尽责的情形包括（但不限于）未按相关业务规则执业、未进行必要的现场调查、未收集充分的评估资料、未确定合理的评估假设，因此，相关当事人陈述申辩意见不成立。

根据当事人违法行为的事实、性质、情节与社会危害程度，依据《证券法》第二百二十三条的规定，我会决定：

一、责令某评估机构改正违法行为，没收两次评估业务收入共20万元，并处以40万元罚款。

二、对孟某某、张某给予警告，并分别处以5万元罚款。

上述当事人应自收到本处罚决定书之日起15日内，将罚没款汇交中国证券监督管理委员会（开户银行：中信银行总行营业部，账号7111010189800000162，由该行直接上缴国库），并将注有当事人名称的付款凭证复印件送中国证券监督管理委员会稽查局备案。当事人如果对本处罚决定不服，可在收到本处罚决定书之日起60日内向中国证券监督管理委员会申请行政复议，也可以在收到本处罚决定书之日起6个月内直接向有管辖权的人民法院提起行政诉讼。复议和诉讼期间，上述决定不停止执行。

中国证监会

2016年2月24日

1-2 行政监管措施相关案例

1-2-1 交易类相关案例（2021年）

中国证券监督管理委员会浙江监管局
行政监管措施决定书〔2021〕XX号

XXXX资产评估集团有限公司、胡某某、牛某某：

我局发现你们执业的K上市公司拟增资事宜涉及的B环保科技有限公司（以下简称B有限公司）股东全部权益价值资产评估项目（报告文号：XXXX评报字［2021］第XXX号）中存在以下问题：

一、预测产能的评估依据不充分

你们预测B有限公司年处理锂云母制备硫酸锂母液产能时，仅获取某一日的出库量进行核查验证，评估依据不充分，且未论证其合理性。上述情况不符合《资产评估准则——企业价值》第二十三条的规定。

二、预测产品销售量的评估程序不完整、不充分

你们以目前及尚未建成的二期产能为基础预测月销售量，未充分考虑预测趋势与历史业绩、实际经营情况存在的差异，未核查验证销售量按其产量同步增长的合理性，对在手订单的有效性未执行充分必要的核查验证程序。此外，你们未预测扩大销售网络的相关费用。上述情况不符合《资产评估基本准则》第十五条、《资产评估准则——企业价值》第二十三条、《资产评估准则——评估程序》第十五条的规定。

三、预测产品单价的评估依据不合理

你们以单日的碳酸锂行业价格折算产品单价，未充分考虑预测趋势与公司实际销售价格、碳酸锂价格周期性波动情况存在的差异。此外，你们预测期选用的碳酸锂价格与评估说明中预计的碳酸锂中长期价格中枢存在差异，未执行进一步的核查验证程序。上述情况不符合《资产评估准则——企业价值》第二十三条的规定。

四、折现率参数取值未合理说明理由

你们对资本结构、债权期望报酬率取值时，未说明理由。上述情况不符合《资产评估准则——资产评估档案》第十一条的规定。

你们的上述行为未严格遵守《资产评估准则》，违反了《上市公司信息披露管理办法》（证监会令第182号）第四十五条的规定。按照《上市公司信息披露管理办法》第五十五条的规定，我局决定对你们分别采取出具警示函的监督管理措施，并记入证券期货市场诚信档案。

你们应严格遵照相关法律法规和中国注册评估师执业准则的规定，及时加强质量控制，确保评估执业质量。你们应当在收到本决定书之日起15个工作日内向我局报送整改报告。

如果对本监督管理措施不服，可以在收到本决定书之日起60日内向中国证券监督管理委员会提出行政复议申请，也可以在收到本决定书之日起6个月内向有管辖权的人民法院提起诉讼。复议与诉讼期间，上述监督管理措施不停止执行。

浙江证监局

2021年12月21日

1-2-2 交易类相关案例（2020年）

中国证券监督管理委员会广东证监局 行政监管措施决定书〔2020〕XXX号

XXXX资产评估有限公司、胡某某、张某某：

根据《上市公司现场检查办法》（证监会公告〔2010〕1X号）等规定，我局对G上市公司进行了现场检查，并对XXXX资产评估有限公司（简称某评估机构）执业的G上市公司收购H印务股份有限公司（简称H有限公司）股东权益资产评估项目进行了延伸检查。经查，某评估机构在评估执业中存在以下问题：

一、未对被评估标的提供的说明进行核查验证。H有限公司向某评估机构出具的《企业关于进行资产评估有关事项的说明》（以下简称《说明》）引用了《审计报告》（XX审（2018）X001号）的审计结论和审计数据，但《说明》的出具时间早于《审计报告》，存在时间倒置的情况。某评估机构未履行相关评估程序对上述异常情况进行核查，未要求F有限公司对上述异常予以说明。上述情形不符合《资产评估基本准则》（财资〔2017〕43号）第十五条、《资产评估准则——评估程序》（中评协〔2017〕31号）第十五条的规定。

二、未对获取的收入预测数据执行必要的评估程序。H有限公司向某评估机构提供的营业收入金额预测表存在部分客户历史产品销量、销售金额持续下降，但预测数据却持续增长，以及部分新增业务的预测数据较历史业绩增幅较大的情况。某评估机构未执行必要的评估程序判断上述收入预测数据的合理性以及相关影响。上述情形不符合《资产评估执业准则——资产评估程序》（中评协〔2017〕31号）第十五条、《资产评估执业准则——企业价值》（中评协〔2017〕36号）第二十三条的规定。

三、对机器设备的评估程序不到位。在对H有限公司机器设备资产的评估中，某评估机构未对重点设备、闲置设备进行详细勘察，未获取相关技术档案、检测报告、运行记录等资料，未对超过正常使用年限设备进行功能性、经济性贬值因素分析，评估计算底稿中未体现闲置因素对设备价值的影响。上述情形不符合《资产评估执业准则——机器设备》（中评协〔2017〕39号）第十四条、第十六条、第二十条的规定。

四、未对获取的直接材料预测数据执行必要的评估程序。某评估机构在评估报告说明中提及，本次预测年度原材料价格将保持2018年6月正在执行的各类原材料价格，考虑了销售单价下降导致材料占收入比重上升的影响。但某评估机构从H有限公司获取的营业成本预测表，对直接材料费用预测并未直接涉及原材料价格因素，而是按照预期直接材料费用占比结合当年营业收入预测值进行计算，同时在对2018年下半年直接材料费用占比进行预测时，未以2018年上半年数据作为预测基础，而以2017年的数据为预测基础，其后各年预测数则以2018年下半年为基础考虑一定增长作为预测数。某评估机构未执行必要评估程序对上述预测差异的合理性进行核实，上述情形不符合《资产评估基本准则》（财资〔2017〕43号）第十五条、《资产评估执业准则——资产评估程序》（中评协〔2017〕31号）第十五条和

《资产评估执业准则——企业价值》（中评协〔2017〕36号）第二十三条的规定。

五、评估工作底稿存在缺漏。某评估机构的项目评估底稿中，未见被评估企业经营发展的战略方针、经营计划、财务计划以及投资计划等资料，未见对委托方和相关当事方提供的盈利预测进行分析、判断和调整的过程资料，某评估机构与被评估标的管理层的访谈记录中也未涉及未来收益预测。上述情形不符合《资产评估执业准则——资产评估档案》（中评协〔2017〕34号）第五条、第八条、第十条的规定。

某评估机构的上述行为不符合《资产评估执业准则》的相关要求，违反了《上市公司信息披露管理办法》第五十二条、第五十四条和《上市公司重大资产重组管理办法》第六条的相关规定。胡某某、张某某作为该评估项目的签字注册评估师，对上述违规行为负有主要责任。

根据《上市公司信息披露管理办法》第六十五条的规定，我局决定对某评估机构和胡某某、张某某采取出具警示函的行政监管措施。你们应认真吸取教训，严格遵照相关法律法规和资产评估准则的规定做好整改工作，进一步加强内部管理，健全质量控制制度。同时，某评估机构应对相关责任人进行内部问责，于收到本行政监管措施决定书30日内向我局报送整改报告、内部问责情况。

如果对本监督管理措施不服，可以在收到本决定书之日起60日内向中国证券监督管理委员会提出行政复议申请；也可以在收到本决定书之日起6个月内向有管辖权的人民法院提起诉讼。复议与诉讼期间，上述监督管理措施不停止执行。

广东证监局

2020年12月18日

1-2-3 交易类相关案例（2017年）

中国证券监督管理委员会湖南监管局
行政监管措施决定书〔2017〕XX号

XXXX资产评估有限公司：

2015年，C科技股份有限公司（以下简称C股份有限公司，注：系非上市公众公司）实施发行股份、购买A科技有限公司（以下简称A有限公司）资产的重大重组。在本次重组中，你公司对A有限公司的资产进行了评估，出具了XXXX评报字〔2015〕第XXX号评估报告。我局对你公司本次资产评估工作进行了相关检查，发现存在以下问题：

一、A有限公司资产评估报告部分内容缺失或不协调。主要问题涉及：（1）评估报告未见对评估对象基本情况的描述（包括法律权属状况、经济状况和物理状况）；（2）评估报告未见对影响被评估企业经营的宏观、区域经济因素分析、所在行业现状与发展前景的分析、企业的业务分析、财务报告及企业申报资料所作的重大或实质性调整等内容；（3）评估报告摘要与评估报告正文、评估说明对特别事项的披露不一致，评估报告摘要披露的“特殊事项说明”仅1条，而评估报告正文披露的“特殊事项说明”共3条，评估说明无“特殊事项说明”的相关内容。上述行为违反了《资产评估准则——评估报告》第6条、第14条、第18条、第26条及《资产评估准则——企业价值》第16条、第46~50条的相关规定。

二、资产基础法评估底稿不完备且评估依据不足。主要问题涉及：（1）流动资产方面。评估底稿中应收账款仅询证一家供应商，预付账款评估工作仅复印个别协议或合同，其他应收款均无函证；（2）固定资产方面。机器设备共15项，仅“触摸屏”有

1 张勘察底稿；（3）存货方面。发出商品的评估单价普遍比账面单价高，即高于评估基准日前后的销售合同载明的单价，该评估无询价程序及相关过渡表；（4）所有成本法底稿无确定完全重置成本的过程和结果的资料及其人工作业的评估测算痕迹。上述行为违反了《资产评估准则——工作底稿》第 6 条、第 11 条的相关规定。

三、收益法评估底稿逻辑欠严谨且评估依据不足。主要问题涉及：（1）未来收入的预测趋势、预测值与其分析矛盾。评估说明中的分析（宏观分析、行业分析、企业分析、市场分析等）显示："被评估企业经营业务的发展趋势是递增的、发展空间是广阔的"。因此，评估人员立足谨慎原则将 2015 年 3 ~ 12 月产品销售数量的增长率估算为 63% 左右（但无相应底稿支撑该预测值的合理性），而 2016 年及以后年度的产品销售数量的增长率却预估为大幅下降趋势，与前述分析矛盾。（2）未来产销量的预测依据不足。在评估报告的主营业务收入预测中，各产品于未来年期的产量预测值是依据其市场占有率来估算的，而评估底稿中的资料载明的各产品的市场占有率数据与其矛盾；未来年期的主营业务收入增长率也是根据市场占有率来估算的，但未来年期的市场占有率估算无相关底稿作为可靠依据。（3）销售价格预测缺乏依据。历史年期的销售单价有波浪式下降之势，但 A 有限公司 2015 年 3 - 12 月的销售均价预测数据却是上升的，且一般电子产品的销售价款均表现为逐年下降，该预测销售均价上升无相关底稿支持。（4）收益法计算表中的"资本性支出"的测算未见相应测算底稿支撑。（5）收益法评估的折现率的测算底稿不够完整。折现率测算底稿不够完善、可比企业的选取无相关支持性底稿、未见企业资产配置说明。（6）收益法评估预测表中"折现期"为 5/12 年，而评估基准日至 2015 年末的时间间隔为 10/12 年，其收益实现时点为 5/12 年还是为 10/12 年的差别将导致未来各年期的折现系数的变化，从而导致产生的评估值差额118.38万元。上述行为违反了《资产评估准则——企业价值》第14条、第27条、第37条、第46条、第51条的相关规定。

四、评估工作底稿的规范性和完备性方面存在的问题。(1) 未见《评估计划》及评估技术方案等底稿，未见《评估项目风险评价表》《独立性评价表》《委托方反馈意见表》《评估方法适用性分析表》《初步评估结论分析表》及“经综合分析确定的最终评估结论”等关键性工作底稿；(2) 现场调查方面的工作底稿，主要是缺少了《与评估项目相适应的现场调查方式选择表》，而在《访谈记录》中，所记录的回答与所提出的问题不匹配，且问题不全面（一般须就进货、销售、价格、人员、薪酬、资产状态、特别是企业运营、上下游客户资源等事项与企业管理层、业务负责人、主要客户进行访谈并编制《访谈记录》)；(3) 缺少对全部机器设备实施现场勘察的底稿；(4) 对于应收款项和应付款项，绝大部分未能函证并获取回函，亦未见实施替代程序的底稿及其“经营和会计核算查阅记录”；(5) 收集评估资料方面，未见收集的评估对象的相关权益状况文件，未见可比企业的财务信息等相关资料的底稿，未见询价记录及作价依据等相关底稿。上述行为违反了《资产评估准则——工作底稿》第6条、第10条、第11条，《资产评估准则——评估程序》第6条、第24条，《资产评估准则——独立性》第6条，《资产评估准则——企业价值》第16条的相关规定。

你公司上述行为，违反了《非上市公众公司重大资产重组管理办法》第6条“为公众公司重大资产重组提供服务的证券服务机构及人员，应当遵守法律、行政法规和中国证券监督管理委员会的有关规定，遵循本行业公认的业务标准和道德规范，严格履行职责，不得谋取不正当利益，并应当对其所制作、出具文件的真实性、准确性和完整性承担责任”。

为督促你公司及时纠正相关违法违规行为，根据《非上市公众公司重大资产重组管理办法》第32条的相关规定，我局决定对你公司采取出具警示函的监管措施，并记入证券期货市场诚信档案。你公司应引以为戒，并采取有效措施，杜绝类似行为再次发生。

如果对本监管措施不服，可在收到本决定之日起60日内向中国证监会提出行政复议申请，也可在收到本决定之日起6个月内向有管辖权的人民法院提起诉讼。复议与诉讼期间，上述监管措施不停止执行。

湖南证监局

2017年8月7日

1-2-4　财报类相关案例（2019年）

中国证券监督管理委员会山东监管局
行政监管措施决定书〔2019〕5X号

北京XXXX资产评估有限责任公司及注册资产评估师管某某、薛某某：

根据《中华人民共和国证券法》（以下简称《证券法》）的有关规定，我局对你们执行的N上市公司2018年年报商誉减值评估项目（XXXX资评财报字〔2019〕第300X号－第300X号）、O上市公司2018年年报商誉减值评估项目（XXXX资评财报字〔2019〕第301X号－301X号）进行了检查。经查，你们在执业中存在以下问题。

一、N上市公司2018年年报商誉减值评估项目存在的问题

（一）现场调查与资料核验相关评估程序执行不到位

未对银行存款、往来科目独立实施函证程序，未对房屋建筑物、机器设备、存货等项目独立实施盘点程序，底稿中相关函

证、盘点表为复印审计机构材料；部分核查获取资料不完整。

上述行为不符合《资产评估执业准则——资产评估程序》第十二条、第十五条及第十七条的相关规定。

（二）未对收入增长的可实现性进行充分的核查分析，未对历史期和预测期有关参数值的差异进行充分分析，缺少支撑依据

针对收入增长率关键预测参数，底稿中未见对收入预测基于的生产能力进行核查的记录或资料，收入预测缺乏合理性支撑。部分预测期参数值较历史期差异较大，底稿中未见对差异进行分析说明的工作记录或依据性资料。

上述行为不符合《资产评估执业准则——资产评估程序》第十五条、第十七条，《以财务报告为目的的评估指南》第二十八条的相关规定。

（三）对子公司的评估方法选取不恰当

对N上市公司部分子公司评估时将评估对象确定为长期股权投资价值，但采用息税前现金流进行折现，未采用税后口径。在确定各子公司价值时，仅采用一种方法进行评估，未说明其他评估方法不适用的理由。

上述行为不符合《资产评估执业准则——资产评估程序》第十八条，《以财务报告为目的的评估指南》第二十九条的相关规定。

（四）未对将新增生产线纳入商誉相关资产组范围的原因进行充分合理的分析说明

N上市公司将新增生产线包含在商誉减值测试相关资产组中，资产组范围与并购时相比发生变化。底稿中未见你们对资产组范围发生变化的原因及合理性进行分析说明的记录。

上述行为不符合《资产评估执业准则——资产评估程序》第十三、第十四条的相关规定。

（五）部分预测数据计算错误或考虑不全面

未见对企业经营最低现金保有量进行分析的记录，成本预测

时产品类别考虑不全面，缺少相关原因分析，制造费用的计算未明确具体分配的项目，汇率使用不恰当等。

上述行为不符合《资产评估执业准则——资产评估程序》第十九条的相关规定。

二、O上市公司2018年年报商誉减值评估项目存在的问题

（一）未考虑被评估对象变更工作地点对租赁费用的影响

评估范围内的O上市公司子公司于2018年10月至11月期间变更办公地点，签订了新的租赁合同。评估过程中未考虑新租赁合同对租赁费用的影响，仍然以历史租赁费用为基础进行预测。

上述行为不符合《资产评估执业准则——资产评估程序》第十七条的相关规定。

（二）未对收入增长的可实现性进行充分核查分析，评估依据不充分

标的公司2017年度评估报告预测2018年自媒体业务营业收入增长率为20%，而2018年实际增长率仅为10%。在2018年未达到预测值的前提下，2018年度评估中仍然预测2019年自媒体业务比2018年增长84%，评估底稿中未见对收入预测的可实现性进行充分核查验证的记录。

上述行为不符合《资产评估执业准则——资产评估程序》第十五条的相关规定。

（三）未对新增客户收入预测的合理性进行充分的核查分析

一是标的公司2019年营业收入预测中新客户收入预测值较高，占全部收入的28.6%。工作底稿中未见对新客户营业收入预测的合理性进行充分分析的记录，也未提供充分的证据予以证明。二是在上海XX文化传播有限公司2019年营业收入预测时未对合同统计截止日期以后新客户产生的收入进行预测。底稿中未见对不予预测新客户收入的合理性进行分析的记录。

上述行为不符合《资产评估执业准则——资产评估程序》第十五条的相关规定。

（四）其他评估过程中的问题

一是部分资产组预测的固定资产净值为负，与被评估对象实际情况不符。二是评估报告中资料引用不当，部分引用缺乏时效性。三是底稿中未见对专业能力分析和评价、独立性分析和评价的记录。四是资产评估档案标记保存期限不符合相关法律规定。

上述行为不符合《资产评估基本准则》第十五条，《资产评估执业准则—资产评估程序》第九条、第十三条、第十七条，《资产评估执业准则—资产评估档案》第十七条的相关规定。

我局认定，你们上述行为不符合《资产评估执业准则》的有关要求，违反了《上市公司信息披露管理办法》（证监会令第40号）第五十二条、第五十四条的有关规定。按照《上市公司信息披露管理办法》第六十五条的规定，我局决定对你们采取出具警示函的行政监督管理措施。

按照《证券法》的有关规定，现提醒你们关注以下事项：（一）你公司应严格遵照相关法律法规和《资产评估准则》的规定，及时采取措施加强内部管理，建立健全质量控制制度，确保评估执业质量；（二）相关资产评估师应加强对证券期货相关法律法规的学习，勤勉尽责履行评估工作义务。你们应当于2019年11月28日前向我局提交书面报告。

如果对本监督管理措施不服的，可以在收到本决定书之日起60日内向中国证券监督管理委员会提出行政复议申请，也可以在收到本决定书之日起6个月内向有管辖权的人民法院提起诉讼。复议与诉讼期间，上述监督管理措施不停止执行。

中国证券监督管理委员会山东监管局

2019年10月28日

1-2-5 财报类相关案例（2019年）

中国证券监督管理委员会厦门监管局
行政监管措施决定书〔2019〕XX号

北京XXXX资产评估事务所（特殊普通合伙）、李某某、陈某某：

经查，你所接受P上市公司委托，对其合并子公司深圳市XXXX科技有限公司（以下简称S有限公司）形成的商誉相关资产组可回收价值进行评估，执业过程中存在以下问题。

一、未对收入预测依据的充分性和合理性进行适当的核查验证。S有限公司主营游戏类型一直为页游游戏，历史期虽开发过手游游戏，但并无成功产品，单款手游游戏最高年流水仅70余万元。S有限公司以内部研发及运营计划作为收入预测依据，预计2019-2022年度每年上线3款新手游，2023年上线4款新手游，预计的新手游流水金额分别为1.31亿元、2.10亿元、3.45亿元、4.54亿元和5.11亿元，占预计流水总额比例分别为60%、75%、91%、98%和100%，与历史水平差异较大。此外，新手游需取得相关部门版号审核批文才能上线运营，截至评估报告出具日，S有限公司计划于2019年4月和7月上线的两款新手游均未取得游戏版号批文。你所未收集充分的收入预测依据，未对预测数据进行必要的核查验证，未关注游戏版号许可事项进展情况，未评价游戏版号无法及时取得对收入预测数据的影响，评估程序存在缺陷。以上行为违反《资产评估执业准则——资产评估程序》第十三条、第十五条、第十七条和《资产评估执业准则——企业价值》第七条、第二十三条规定。

二、未对收入预测方法的合理性进行适当的核查验证。S有限公司主营页游游戏有两种运营模式：一种是自营模式，该模式下游戏流水可100%确认为营业收入；一种是联营模式，该模式下以游戏流水乘以第三方腾讯平台确定的分成比例，再扣除渠道成本后的净额确认为营业收入，且分成比例根据月流水金额大小又分为5档。S有限公司营业收入基本来源于“XX三国”和“XX霸业”两款游戏，2017－2018年度，因不同运营模式收入结构的变化，“XX三国”和“XX霸业”两款游戏确认收入金额占同款游戏流水金额的综合比例分别从51%、54%上升至65%、63%。公司在预测游戏收入时，既未考虑不同运营模式流水结构变化对收入的影响，也未考虑联营模式下因月流水金额不同导致分成比例不同的影响，而是以每款游戏预测流水乘以60%的固定比例计算得出收入金额。你所未对收集的资料进行有效分析，未充分关注并评价前述预测方法不合理对收入预测数据的影响，评估程序存在缺陷。以上行为违反《资产评估执业准则——资产评估程序》第十三条、第十五条、第十七条和《资产评估执业准则——企业价值》第七条、第二十三条规定。

三、未对营运资金预测数据合理性进行适当的核查验证。S有限公司页游游戏运营方式分为自营和联营两种模式，自营模式下，游戏玩家充值流水直接支付给公司，而联营模式下，游戏玩家充值流水直接支付给游戏运营方，运营方再按约定的信用期支付给S有限公司，不同模式下现金流入时间存在差异。预测期，S有限公司联营模式营业收入占总收入比例大幅上升，但其以历史年度营运资金占收入比重的平均值为依据，按20%比例计算预测期营运资金，未考虑不同经营模式收入占比变化对营运资金需求的影响，营运资金预测方法不合理。你所未对收集的评估资料进行充分分析，未对预测数据进行必要的核查验证，评估程序存在缺陷。以上行为违反《资产评估执业准则——资产评估程序》第十三条、第十五条、第十七条和《资产评估执业准则——企业价值》第七条、第二十三条规定。

四、未关注预测中差异大的数据和与行业惯例不符的数据。你所收集的S有限公司预测表中，存在以下不合常理情况：一是ARPPU值（游戏流水/付费用户数）方面，部分游戏ARPPU值过高，预测的月度数据波动巨大，如手游“名X与征X”在2019年7－9月的ARPPU值分别399元、1 982元和340元，8月数据明显偏高；二是付费率方面，13款新手游在生命周期各个阶段的付费率均为12%，不符合不同游戏类型付款率不同和游戏生命周期各阶段付款率不同的行业惯例；三是游戏流水方面，13款新手游中，有的在生命周期内预计可产生2.5亿元的流水，有的只产生1 400余万元流水。针对前述情况，你所工作底稿中未见收集相关支持性文件，也未见记录异常、差异数据的相关说明，评估程序存在缺陷。以上行为违反《资产评估执业准则——企资产评估程序》第十三条、第十五条、第十七条、《资产评估执业准则——企业价值》第七条、第二十三条和《资产评估执业准则——资产评估档案》第六条规定。

五、部分可比公司选取不合理。在确定S有限公司无财务杠杆的贝塔值时，你所选取20家可比公司，以其贝塔值的平均值作为计算S有限公司贝塔值的基础，但选取的部分公司与S有限公司缺乏可比性。如美盛文化主营业务为文化产业，游戏及动漫收入占比仅1.1%；迅游科技主营业务为互联网加速服务和广告展示服务，与游戏开发及运营无关；中文传媒主营为出版业务，其虽有游戏业务，但占比也较小。你所未在评估工作底稿中说明可比公司选取标准，也未见相关分析程序，评估程序存在缺陷。以上行为违反《资产评估执业准则——企业价值》第三十三条和《资产评估执业准则——资产评估档案》第六条规定。

六、评估说明中有关研发技术描述内容不准确。你所在评估说明的“未来收入预测”部分中称“S有限公司目前以研发网页游戏为主，移动网络游戏的研发难度小于网页游戏，且从公司目前已上线测试和正在研发的手游‘XX 悄悄’‘名 X 与征 X’与‘NSZJ’三款移动网络游戏来看，公司具备研发移动网络游戏的团队与技术。”但事实上，“XX 悄悄”手游自 2014 年上线运营以来，年流水金额最高值仅为 70 余万元；“NSZJ”手游未被预测未来年度流水数据，公司解释称测试效果不理想。你所以前述两款游戏说明 S 有限公司具有手游研发技术，表述不准确。以上行为违反《资产评估执业准则——资产评估程序》第十三条、第十五条、第十七条和《资产评估执业准则——资产评估档案》第六条规定。

我局认为，你所上述行为不符合资产评估执业准则的有关要求，李某某、陈某某作为该项目签字评估师在执业过程中未能勤勉尽责，违反了《上市公司信息披露管理办法》（证监会令第 40 号）第五十二条、第五十四条规定。根据《上市公司信息披露管理办法》第六十五条规定，我局决定对你所和李某某、陈某某采取出具警示函的行政监管措施，并记入诚信档案。你所应严格遵照相关法律法规和资产评估执业准则的规定，及时采取措施加强内部管理，建立健全质量控制制度，确保评估执业质量。你所应督促相关评估师加强相关法律法规的学习，勤勉尽责地履行评估工作义务。你所应当在收到本决定书之日起 10 个工作日内将改进、学习情况向我局提交书面报告。

如果对本监督管理措施不服，可以在收到本决定书之日起 60 日内向中国证券监督管理委员会提出行政复议申请，也可以在收到本决定书之日起 6 个月内向有管辖权的人民法院提起诉讼。复议与诉讼期间，上述监督管理措施不停止执行。

厦门证监局

2019 年 11 月 13 日

1－2－6 财报类相关案例（2020年）

中国证券监督管理委员会湖北监管局
行政监管措施决定书〔2020〕XX号

XXXX资产评估有限公司：

根据《中华人民共和国证券法》有关规定，我局对你公司出具的D股份有限公司（以下简称D上市公司）收购的S体育媒体有限公司（简称S有限公司，注：境外企业）相关商誉估值的估值报告（XXXX估值字〔2019〕第XXX号）进行了检查。经查，你公司在执业中存在以下问题：

一是未复核用于收入预测的关键估值系数相关证据资料。S有限公司历史年度版权分销收入与对应的成本数据的比值2.4倍，系用于预测未来年度营业收入的关键估值系数，但未见计算该关键估值系数所用的历史成本数据资料，计算系数的基础证据不够充分。你公司估值报告中，对相关收入的预测是先确定未来年度的成本，再根据关键估值系数来倒算未来年度收入，在你公司估值说明关于“营业收入的预测”部分描述“根据其运营英超赛事版权的财务数据，确定收入与成本的比例历史平均水平为2.4倍。据此倒算2021年至永续年期每年赛事版权的收入”。但底稿中未见历史年度版权分销收入对应的成本，也未见2.4倍相关系数的测算过程。

二是市场份额预测不审慎。在你公司估值报告提及市场竞争日趋激烈的情况下，你公司未对Y体育公司2021年至永续年期按市场份额20%预估成本及利润的适当性进行充分论证。你公司估值说明中关于“营业收入预测”部分显示，欧洲顶级足球赛事在中国大陆版权销售从原仅英超采用分销模式，逐渐均转向分销模式。原来仅有Y体育公司从事相关版权分销，发展至目前有苏宁和Y体育公司两家，潜在的竞争对手有苏宁PPTV、腾讯、新浪等互联网平台，Y体育公司的市场份额有可能被侵占；另外根据你公司估值报告等资料，Y体育公司在历史年度拥有英超版权时市场份额为25%，但2019年未获得英超、德甲等相关赛事版权，虽Y体育公司可参与下一周期的版权竞争，但即使在下一轮版权竞争中获胜，英超版权、德甲版权也需分别在2022年、2023年到期后才能取得，2021年及以后市场份额维持20%的依据不充分。

三是未审慎确定资本结构的评估值。你公司在S有限公司商誉估值折现率测算中，选取了5家可比公司作为计算S有限公司资本结构的基础，但这5家公司资本结构差异较大，对S有限公司资本结构最终评估取值为29.91%，底稿中未见解释说明。

四是未解释本次商誉测试时收入预测数据比收购时预测数据更乐观的依据。你公司估值报告中，2018年实际收入未达到收购时《D上市公司收购S有限公司股东全部权益评估报告》（XXXX评报字〔2017〕第XXX号）的预测2018年度收入。但在此情况下，你公司估值报告中未来年度预测期收入仍然高于收购时对应年度的预测收入，底稿中未进行解释说明。

五是毛利率预测不审慎。你公司估值报告中，预测期中2020年以后毛利率明显高于基准日所在的2018年度及历史年度毛利率，底稿中未见相关说明。

六是相关测试数据逻辑关系不清晰。你公司估值报告中，全口径资产组（即Y体育和Z传媒）测算表和资产组二（即Z传媒）测算表中收入成本的逻辑关系不清晰。全口径资产组的收入测算表包含资产组二的全部收入，但是成本费用全口径资产组测算表未在所有年度都覆盖资产组二的全部成本，且在底稿中未见相关说明。

综上，你公司的上述行为不符合评估执业勤勉尽责的总体要求，违反了《上市公司信息披露管理办法》（证监会令第40号）第五十二条、第五十四条的规定。按照《上市公司信息披露管理办法》第六十五条的规定，我局决定对你公司采取出具警示函的监督管理措施。

你公司应严格遵照相关法律法规和资产评估准则的规定，及时采取措施加强内部管理，建立健全质量控制制度，确保评估执业质量。你公司应督促相关注册资产评估师加强对证券期货相关法规的学习，勤勉尽责履行评估工作义务。你公司应高度重视上述问题，制定切实可行的整改计划，在收到本决定书之日起30日内向我局提交书面报告。

如果对本监督管理措施不服，可以在收到本决定书之日起60日内向中国证券监督管理委员会提出行政复议申请，也可以在收到本决定书之日起6个月内向有管辖权的人民法院提起诉讼。复议与诉讼期间，上述监督管理措施不停止执行。

湖北证监局

2020年4月30日

1-2-7　其他类相关案例（2021年）

中国证券监督管理委员会福建监管局
行政监管措施决定书〔2021〕XX号

福建XXXX土地房地产资产评估有限公司及郭某某：

近期，我局在日常监管中发现你公司存在未按规定及时办理首次从事证券服务业务备案的问题：

2021年3月16日，你公司与Q上市公司（上海证券交易所上市公司）签订《资产评估委托合同》。2021年3月25日，你公司出具了《Q上市公司互联网创新实验室平台软件著作权资产评估报告》(XX资产评字〔2021〕026XX号)。你公司未按照《证券服务机构从事证券服务业务备案管理规定》(证监会公告〔2020〕52号)第十条规定,于首次从事证券服务业务时在签订服务协议之日起10个工作日内备案,迟至2021年8月12日才提交首次从事证券服务业务备案资料,违反了《上市公司信息披露管理办法》(证监会令第182号,以下简称《信息披露管理办法》)第四十五条第二款规定。

依据《信息披露管理办法》第五十五条规定,我局决定对你公司及公司法定代表人郭某某采取监管谈话的行政监管措施。现要求你公司法定代表人兼总经理郭某某于2021年10月12日上午9时30分携带有效身份证件到福建证监局接受监管谈话。谈话地点:福州市铜盘路软件大道89号福州软件园B区10号楼A栋三层302会议室。

如果对本监督管理措施不服,可以在收到本决定书之日起60日内向我会(中国证券监督管理委员会)提出行政复议申请,也可以在收到本决定书之日起6个月内向有管辖权的人民法院提起诉讼。复议与诉讼期间,上述监督管理措施不停止执行。

福建证监局

2021年9月23日

1-2-8 其他类相关案例(2020年)

中国证券监督管理委员会上海证券监管专员办事处行政监管措施决定书〔2020〕XXX号

北京XXXX资产评估有限公司,樊某某、张某某:

根据《中华人民共和国证券法》(以下简称《证券法》)的

有关规定，我办对你们出具的R国际资产管理（北京）有限公司（简称R公司）拟收购债权所涉及S创新网络营销技术股份有限公司（以下简称S上市公司）的部分债权项目资产评估报告（报告文号：XXXX评报字〔2018〕第XXX号）进行了检查。经查，我办发现你们在执业时存在以下问题：

一、违规承接证券业务

项目评估范围为上市公司S上市公司持有的应收上海H股权投资管理中心（有限合伙）（以下简称H有限合伙）8 860万元债权，H有限合伙收到该笔款项后又转借给上海C信息科技有限公司（以下简称C信息公司）。S上市公司持有的H有限合伙债权评估属于证券业务，委托人R公司不是上市公司不影响该认定。你公司在不具备证券期货相关业务从业资格的情况下承接该业务并出具评估报告。

上述行为不符合《关于从事证券期货相关业务的资产评估机构有关管理问题的通知》（财企〔2008〕81号）第一条第一款、第九条第二款的规定。

二、未审慎核查债权真实性

评估人员未发现S上市公司将8 860万元资金借予H有限合伙的债权真实性存疑的问题。一是评估人员未注意到C信息公司收到该笔款项的当天立即转回给S上市公司。C信息公司的银行电子回单显示，2016年2月26日，C信息公司农业银行账户在收到H有限合伙民生银行账号的8 860万款项之后当日即将该款项转到S上市公司在杭州银行开立的账户。二是评估底稿中未见S上市公司与H有限合伙的借款合同，且S上市公司转给H有限合伙9 260万元的银行回单备注为“投资款”。三是评估人员未考虑S上市公司2016年作为有限合伙人出资H有限合伙对该债权真实性的影响。评估人员仅依据资金转出凭证、对S上市公司的函证及审计报告确认债权的真实性，未对H有限合伙进行函证或访谈，了解H有限合伙对相关债权的计划安排。

上述行为不符合《资产评估执业准则——资产评估程序》第十二条的规定。

三、未审慎估计其他应收款的可回收性

评估人员以账龄为依据预计可回收性，预计损失率低的理由不充分。一是评估人员分析H有限合伙是有限合伙公司，至少有一位普通合伙人对企业债务承担无限连带责任，故评估人员认为回收风险不大。评估底稿中未对普通合伙人的偿还能力进行分析，也没有说明在缺乏合同等有效证据的情况下向普通合伙人追偿是否可以获得法律支持。二是评估人员分析H有限合伙与C信息公司的借款合同纠纷判决不能证明H有限合伙没有偿还能力，但也并未通过其他资料和调查证明H有限合伙具有偿还能力。三是评估人员根据2016年S上市公司对H有限合伙超过99%的持股比例，认为这一关系是H有限合伙偿还能力的保证之一，所以没有核查H有限合伙的财务状况。综上，评估人员未综合考量债务人资金、信用、经营管理现状等因素，直接以账龄为依据预计回收损失，缺乏审慎。

上述行为不符合《资产评估执业准则——资产评估程序》第十二条、第十三条、第十七条的规定。

四、未实际执行评估方法选择思路

评估报告中表述的评估方法选择思路为“其他应收款：评估人员在核实其价值构成及债务人情况的基础上，具体分析欠款数额、时间和原因、款项回收情况、债务人资金、信用、经营管理现状等因素，以每笔款项的可回收金额或核实后的账面价值确定评估价值”。在具体评估方法部分，仅表述“其他应收款，主要是在评估人员将申报表与会计报表、明细账、总账进行了核对，查阅了相关资料、款项的入账凭证，详细了解了其他应收款的形成原因，在清查核实其账面余额的基础上，根据账龄估计可能的坏账损失来确定评估值”。这一评估方法以及评估底稿并未体现对债务人资金、信用、经营管理现状等因素的分析。

上述行为不符合《资产评估执业准则——资产评估程序》第十二条、第十三条、第十七条的规定。

五、签字评估师未实际参与评估工作

项目经理（一级审核）樊某某、二级审核张某某均未实际参与收集资料、测算数据等评估工作。

上述行为不符合《资产评估职业道德准则》第十九条的规定。

六、其他问题

一是评估说明中部分表述与项目无关，如资产核实情况中提到“评估人员组成设备项目小组”、“对存货查阅了记账凭证和银行回单等资料和文件，并通过和设备管理人员的交流”。二是底稿中评估报告签字盖章缺失，归档不规范。三是评估报告没有明确具体采用的评估方法。四是评估报告和评估说明均未分析市场法、收益法和成本法的适用性。五是评估底稿中无评估机构和评估人员的独立性评价表或承诺。

上述行为不符合《资产评估执业准则——资产评估报告》第四条、第二十一条，《资产评估执业准则——资产评估程序》第十八条，《资产评估职业道德准则》第十二条的规定。

我办认定，你们的上述行为不符合《资产评估准则》的有关要求，违反了《关于从事证券期货相关业务的资产评估机构有关管理问题的通知》（财企〔2008〕81号）及《上市公司信息披露管理办法》（证监会令第40号）第五十二条、第五十四条的规定。按照《上市公司信息披露管理办法》第六十五条的规定，我办决定对你公司及签字资产评估师樊某某、张某某采取出具警示函的监督管理措施。

按照《证券法》的有关规定，现提醒你公司关注以下事项：(一) 你公司应严格遵照相关法律法规和《资产评估准则》的规定，及时采取措施加强内部管理，建立健全质量控制制度，确保评估执业质量；(二) 你公司应督促相关注册资产评估师加强对证券期货相关法律法规的学习，勤勉尽责履行评估工作义务。你公司应当在2020年4月10日前向我办提交书面报告。

如果对本监督管理措施不服，可以在收到本决定书之日起60日内向中国证券监督管理委员会提出行政复议申请，也可以在收到本决定书之日起6个月内向有管辖权的人民法院提起诉讼。复议与诉讼期间，上述监督管理措施不停止执行。

上海专员办

2020年3月12日

1-2-9 其他类相关案例（2016年）

中国证券监督管理委员会贵州监管局
行政监管措施决定书〔2016〕XX号

北京XXXX资产评估有限公司、焦某、全某：

依据《中华人民共和国证券法》(以下简称《证券法》) 的有关规定，我局对你们执行的贵阳H房开有限责任公司（简称H有限公司）拟发行公司债券涉及的评估项目（XXXX评字〔2015〕第XXX号，签字注册评估师：焦某、全某）进行检查。经检查，你们在执业过程中存在如下问题：

一、评估部分资产时选取的实例与具体修正时采取的实例前后不一致，数据来源不详。评估楼房只选取了花果园C区15-19栋进行评估测算，采用的实例为：山水黔城一期、金狮小区二期、中天花园小区，分别取其中某个车位的成交价格作为评估参考，未说明数据来源及数据是否恰当（只选取其中1个车位的成交价不具有实际参考价值）；具体修正时，采取的实例又变为山水黔城、观山北路（市政府）、财富中心（世纪金源）车位。

二、评估车位按照统一均价计算。评估报告中未对H有限公司楼盘分布较广，车位实际位置存在较大差异等情况进行评估分析。在对H有限公司90 213个车位进行评估过程中，除G区购物中心1 392个车位外，其他车位均按照15.4万/个计算。

三、评估报告中未对机械车位个数及现状进行表述，也未区分两者差异，统一按普通车位价值评估。

上述行为不符合《资产评估准则——基本准则》第二十条、《资产评估准则——评估报告》第五条、第六条规定。

我局认定，你们的上述行为不符合《资产评估准则》的有关要求，违反了《公司债券发行与交易管理办法》（证监会令第113号［2015］）第七条的规定。按照《公司债券发行与交易管理办法》第五十八条的规定，我局决定对你公司及签字注册评估师采取出具警示函的监督管理措施。

按照《证券法》的有关规定，现提醒你们关注以下事项：（一）请你公司严格遵照相关法律法规和《资产评估准则》的规定，及时采取措施加强内部管理，建立健全质量控制制度，确保评估执业质量；（二）相关注册资产评估师须加强对证券期货相关法律法规的学习、勤勉尽责地履行评估工作义务。

你公司应当在2016年10月20日前对上述问题提出整改措施，形成书面报告提交我局，我局将组织检查验收。

如果对本监督管理措施不服，可以在收到本决定书之日起60日内向我局提出行政复议申请，也可以在收到本决定书之日起6

个月内向有管辖权的人民法院提起诉讼。复议与诉讼期间，上述监督管理措施不停止执行。

中国证监会贵州监管局
2016年9月22日

1-3　自律监管相关案例

1-3-1　上交所纪律处分案例

关于对B公司评估机构Y及评估师梅某某、李某、龚某某予以公开谴责的决定

上海证券交易所纪律处分决定书〔2019〕××号

当事人：

Y资产评估机构，B公司重大资产重组评估机构；

梅某某，时任Y资产评估机构法定代表人、首席评估师；

李某，时任Y资产评估机构注册评估师；

龚某某，时任Y资产评估机构注册评估师。

根据中国证监会行政处罚决定书查明的事实，Y资产评估机构作为B公司2014年重大资产重组交易的评估机构，梅某某作为时任Y资产评估机构首席评估师，李某、龚某某作为时任注册评估师，未能履行诚实守信、勤勉尽责义务，导致出具的《Z公司重大资产出售及发行股份购买资产所涉及的B公司股东全部权益价值评估报告》（以下简称《评估报告》）存在误导性陈述。具体违规情形如下：

一、Y资产评估机构未对作为未来销售预测的意向性协议进行适当关注并实施有效的评估程序，导致评估值高估，对市场和

投资者产生严重误导

在进行收益测算工作时，基于B公司汽车夜视前装系列产品无历史销售情况，Y资产评估机构评估人员对其估值主要是依据B公司和汽车厂商签订的带有销售数量的意向性协议。2013年9月至2014年年底，B公司针对汽车夜视前装系列产品与28家汽车厂商签订的意向性协议中预测，2015年、2016年销售数量的协议合计12份，所涉预测销售数量共计114 800套。经查，B公司伪造了与F公司签订的《F公司U201项目夜视系统试装协议》和与C公司签订的《技术合作意向书》等多份意向性协议或意向性协议附件。Y资产评估机构对上述意向性协议仅要求B公司签署《承诺函》承诺所提供的资料真实、完整。在部分意向性协议存在主协议未约定预计采购数量而仅在附件中约定且附件未加盖合作厂商公章或骑缝章等不合理情况下，Y资产评估机构未对B公司作为未来销售预测的意向性协议予以适当关注并实施有效的评估程序，导致B公司汽车夜视前装系列产品未来销售收入的预测明显不合理，进而导致评估值高估，对市场和投资者产生严重误导。

二、评估底稿中缺失部分合同评估资料及评估记录

在评估项目工作底稿中，Y资产评估机构制作的《汽车前装项目进度表》包含23个项目合同，但后附项目合同仅有15份，8份缺失。评估项目工作底稿中也未见有关核对协议原件评估程序的记录。评估项目工作底稿中缺失部分合同评估资料及评估记录，相关材料存在重大遗漏。

综上，Y资产评估机构作为公司2014年重大资产重组交易的评估机构，在对B公司全部股权项目进行资产评估、出具资产评估报告时，未能审慎核查和验证相关标的资产的真实情况，相关评估活动明显违反基本执业准则，所制作、出具的评估报告内容不准确，对投资者造成严重误导；评估项目工作底稿缺失部分

合同评估资料及评估记录，存在重大遗漏。前述行为严重违反了《证券法》第二十条第二款、第一百七十三条、第二百二十三条，《上海证券交易所股票上市规则》（以下简称《股票上市规则》）第1.4条、第2.24条，《资产评估准则——企业价值》第七条、第九条，《资产评估准则——评估程序》第十九条、第二十三条和《资产评估准则——工作底稿》第七条等相关规定。

责任人方面，时任Y资产评估机构首席评估师梅某某、时任注册资产评估师李某、龚某某在《评估报告》上签字，未能勤勉尽责，是对上述违规行为直接负责的主管人员。其行为严重违反了《上市公司重大资产重组管理办法》第六条，《股票上市规则》第1.4条、第2.1条、第2.24条等有关的规定。

鉴于上述违规事实和情节，经上海证券交易所（以下简称本所）纪律处分委员会审核通过，根据《股票上市规则》第17.5条和《上海证券交易所纪律处分和监管措施实施办法》的有关规定，本所做出如下纪律处分决定：对Y资产评估机构及其时任评估师梅某某、李某、龚某某予以公开谴责。

对于上述纪律处分，本所将通报中国证监会和江苏省人民政府，并记入上市公司诚信档案。当事人如对上述公开谴责的纪律处分决定不服，可于15个交易日内向本所申请复核，复核期间不停止本决定的执行。

评估机构等证券服务机构及相关人员应当引以为戒，在为上市公司制作、出具有关文件时，应勤勉尽责，对所依据文件资料内容的真实性、准确性、完整性进行核查和验证，所制作、出具的文件不得有虚假记载、误导性陈述或者重大遗漏。

上海证券交易所

2019年8月5日

1－3－2　上交所监管措施案例（商誉减值测试评估）

关于对G公司评估机构B及资产评估师李某某、陈某予以监管警示的决定

上证公监函〔2021〕××号

当事人：

B资产评估机构，G公司商誉减值测试评估机构；

李某某，时任G公司商誉减值测试评估机构B的资产评估师；

陈某，时任G公司商誉减值测试评估机构B的资产评估师。

根据中国证监会北京监管局《关于对B资产评估机构采取出具警示函措施的决定》《关于对李某某、陈某采取出具警示函措施的决定》查明的事实，B资产评估机构及其资产评估师李某某、陈某在G公司拟对合并Q公司形成的商誉减值测试涉及的资产组可回收价值资产评估项目执业过程中，存在以下违规行为，导致其为公司出具的相关商誉减值测试报告信息披露不准确、不完整。

一、未对公允价值减去处置费用净额高于预计未来现金流量现值的原因作出充分说明

在公司商誉减值测试涉及的资产组可回收价值项目中，评估师预计未来现金流量现值及公允价值减去处置费用的净额进行评估时，使用的评估假设前提和对收入、成本、费用等方面的预测基本一致，公允价值评估使用税后现金流与税后折现率，预计未来现金流现值评估使用税前现金流与税前折现率，据此得出公允价值减去处置费用的净额高于预计未来现金流量现值。但相关商誉减值测试报告未充分说明公允价值减去处置费用的净额高于预

计未来现金流量现值的原因。

二、资产组相关价值计算及范围不恰当

一是全投资口径商誉还原不到位，少数股东权益考虑不恰当。资产评估时，将商誉按照65%比例还原到Q公司层面为2.90亿元，计算资产组价值为7.78亿元，计算评估资产组价值时扣除Q公司子公司少数股东权益价值。评估对象Q公司主营业务经营性资产所形成的资产组为孙公司经营性资产形成的资产组，孙公司层面无少数股东权益。B资产评估机构及评估师未将商誉还原到底层资产层面，而是通过将现金流量现值扣除少数股东权益的方法弥补商誉还原不到位的问题，商誉还原至底层资产层面后的资产组价值为9.97亿元。二是资产组范围与并购时存在差异。公司并购时的评估报告期后事项披露，“评估基准日后，评估报告出具日前，二级长投孙公司在中国新成立了一家全资子公司，未来收益预测有考虑该公司收入”。本次未将该子公司纳入评估范围，评估报告及工作底稿中亦未见对资产组进行相关沟通、调整的说明。

三、现金流预测相关分析、支持材料不完整

一是预测期收入增长率较历史期增长率差异较大，底稿中未见对差异的原因进行分析，且未说明采用的收入预测数据与企业预测差异较大的原因。二是预测数据无相关支持材料。底稿中仅有2020至2022年三年的经营计划及盈利预测，无企业对2023、2024年及永续期的盈利预测资料。三是企业提供两种情景下的收入预测，评估中采用其一进行调整形成最终预测。底稿中未记录如何考虑新冠疫情对经营的影响，针对疫情企业做出的经营调整或相关措施，评估的假设前提及如何预计，报告中也未见相关披露。四是并购时原始设计团队有3年锁定期的要求，底稿中未见对原始团队是否会发生变化及对公司影响进行分析的底稿，报告中亦未见相关披露。

四、评估报告中部分评估假设与实际情况不符，也未披露因评估程序受限而采取的替代程序

一是部分评估假设与实际矛盾。评估假设披露"1、假设国家宏观经济形势及现行的有关法律、法规、政策，无重大变化。7、假设企业未来的经营策略以及成本控制与2019年经营情况不发生较大变化。"而实际情况是因新冠疫情的影响，各国宏观经济形势发生变化，报告特别事项也提示"对2020年经营情况进行预测时，在现有情况下，对新冠疫情给经营情况带来的影响，已作了充分估计。如果新冠疫情仍然超出预期，对经营业绩的影响也可能超出预期"，评估假设部分内容与实际不符。二是评估报告未披露因评估程序受限而采取的替代程序。由于新冠疫情原因，B资产评估机构及评估师未进行现场实地勘察，仅披露"受疫情的影响，本次评估，没有履行现场勘查程序。评估人员认为，不对评估结论产生重大影响。提请报告使用者注意"。评估报告未说明采取的替代程序，认为该事项不对评估结论产生重大影响的依据不充分。

综上，B资产评估机构及其评估师李某某、陈某在公司资产组可回收价值资产评估项目中，未对公允价值减去处置费用的净额高于预计未来现金流量现值的原因作出充分说明，资产组相关价值计算及范围不恰当，现金流预测相关分析、支持材料不完整，评估报告中部分评估假设与实际不符、也未披露因评估程序受限而采取的替代程序。评估师上述行为违反了《资产评估执业准则——资产评估程序》第六条、第十三条、第十五条、第十六条、第十七条，《企业会计准则第8号——资产减值》第十九条，《以财务报告为目的的评估指南》第八条、第十条、第十三条、第十九条、第二十八条、第三十五条、第三十六条以及《上海证券交易所股票上市规则》（以下简称《股票上市规则》）第1.4条、第2.24条等有关规定。

鉴于上述违规事实和情节，根据《股票上市规则》第16.1条和《上海证券交易所纪律处分和监管措施实施办法》有关规定，我部做出如下监管措施决定：对B资产评估机构及资产评估师李某某、陈某予以监管警示。

评估机构等证券服务机构及相关人员应当引以为戒，在为上市公司制作、出具有关文件时，履行勤勉尽责义务，对所依据文件资料内容的真实性、准确性、完整性进行核查和验证，所制作、出具的文件不得有虚假记载、误导性陈述或者重大遗漏。

上海证券交易所上市公司监管一部

2021年4月29日

1-3-3　上交所监管措施案例（关联交易评估）

关于对X公司评估机构K及有关责任人予以监管关注的决定

上证公监函〔2020〕××号

当事人：

K资产评估机构，X公司评估机构；

王某某，时任K资产评估机构资产评估师；

高某，时任K资产评估机构资产评估师。

经查明，2019年12月3日，X公司披露公告称，经公司董事会审议通过，拟向间接控股股东C公司购买其所属的新疆乌鲁木齐经济技术开发区翠湖路××号×栋14层、19层商业办公楼（以下简称商业办公楼），本次交易尚需提交公司股东大会审议。经X公司聘请，K资产评估机构采取市场法、收益法对商业办公楼进行评估，评估结果分别为6 741万元、298.86万元，并最终选取市场法评估价值作为评估结果。公司以评估报告为定价依据，确定本次股权转让的价格为 6 741 万元。

2019 年 12 月 11 日，公司披露对关联交易事项问询函的回复公告称，K 资产评估机构本次收益法的测算有误。在收益法对租金的确定中，评估人员选取租金可比案例时，将月租金误按年租金计算，故区域原平均租金错按 0. 18 元/平米/天确定，更正后区域平均租金为 2. 19 元/平米/天。此外，收益法中评估值的合计有误，缺少了 2037 年 10 月至 2049 年 12 月净现值的合计。经重新测算，商业办公楼收益法的评估结果从 298. 86 万元调整为 5 061. 18 万元，市场法评估结果和评估结论保持不变。同日，K 资产评估机构修改更正评估报告，并予以披露。2019 年 12 月 18 日，公司将采用修订后资产评估报告的资产收购议案提交股东大会审议，但未能审议通过。

K 资产评估机构作为公司关联交易事项的评估机构，为公司出具资产评估报告时，未能按照其执业要求，客观、审慎地评估标的资产的相关价值，其制作和披露的评估报告不准确，披露内容前后不一致。评估师王某某、高某作为签字评估师，未勤勉尽责，对上述违规行为负有责任。前述行为违反了《上海证券交易所股票上市规则》（以下简称《股票上市规则》）第 1. 4 条、第 2. 1 条和第 2. 24 条等相关规定。

考虑到上述评估报告的测算错误并未最终影响评估结果和定价依据，可酌情从轻处理。

鉴于上述违规事实和情节，根据《股票上市规则》第 17. 1 条和《上海证券交易所纪律处分和监管措施实施办法》有关规定，我部做出如下监管措施决定：

对 K 资产评估机构及资产评估师王某某、高某予以监管关注。

评估机构等证券服务机构及相关人员应当引以为戒，在为上市公司制作、出具有关文件时，勤勉尽责，对所依据文件资料内容的真实性、准确性、完整性进行核查和验证，所制作、出具的文件不得有虚假记载、误导性陈述或者重大遗漏。

上海证券交易所上市公司监管一部

2020 年 4 月 7 日

1－3－4　中评协自律惩戒案例（严重警告）

中国资产评估协会自律惩戒决定书（丁某某、俞某某）

丁某某、俞某某：

根据《加强资产评估行业联合监管若干措施》（财办监〔2021〕7 号）及《资产评估执业质量自律检查办法》（中评协〔2006〕98 号）的有关规定，财政部监督评价局与中国资产评估协会（以下简称中评协）联合检查组于 2021 年 7 月 21 日至 2021 年 7 月 28 日，对你们所在的上海 XX 有限责任公司自 2020 年 1 月 1 日至 2021 年 4 月 30 日期间的业务进行了执业质量检查。检查发现，你们出具的《关于上海 A 有限公司股权转让所涉及上海 A 有限公司部分资产市场价值的追溯资产评估项目资产评估报告》存在以下问题：

一、收集整理评估资料方面

1. 该评估项目为追溯性评估，未见不动产现场勘察记录及不动产追溯评估基准日资产状况的相关说明。

违反了《资产评估执业准则——资产评估档案》第九条，《资产评估执业准则——不动产》第十三条，《资产评估执业准则——评估程序》第十六条的规定。

2. 成本法计算时土地评估采用的是市场法，底稿中未见市场法评估使用的相关文件及依据。

违反了《资产评估执业准则——资产评估档案》第十一条的

规定。

二、进行评估现场调查方面

未见建筑物盘点明细表，底稿中未见建筑物的现有状态、使用状态、是否存在改造、闲置等事项的描述。

违反了《资产评估执业准则——不动产》第十条、第十三条的规定。

三、评定估算形成结论方面

1. 技术说明中根据“（10）土地等级：上海市基准地价工业七级地段（上海市2013年基准地价更新成果报告）”说明评估宗地在基准地价7级范围内。直线插值法计算个别数据套用的是6级修正系数，取值错误，计算错误。

违反了《资产评估执业准则——资产评估程序》第二十一条，《资产评估执业准则——资产评估方法》第七条的规定。

2. 在计算土地使用年期修正时，房地产证证载土地使用期限至2064年12月29日，距基准日应剩余45.83年，剩余年期计算错误。报告中出现两个年期修正且结果不同、修正幅度过大。

违反了《资产评估执业准则——资产评估程序》第二十一条的规定。

3. 成本法计算建筑物过程中，待估的5栋建筑物面积大小不一（最大的8 838.77平方米，最小50.8平方米），造价成本均按1 606.41元/平方米确定不合理。

违反了《资产评估执业准则——不动产》第二十三条，《资产评估执业准则——评估方法》第十六条的规定。

4. 底稿中显示，委估对象厂房已全部出租，租期至2027年5月31日，但在收益法评估时未考虑租约限制，报告P44表述为“考虑到评估对象至现场勘察时为空置，不存在租约限制，故本次评估不予考虑租约限制对评估价值的影响。”

违反了《资产评估执业准则——不动产》第二十二条的规定。

5. 合同租金为 1.13 元/m^2 天（租期 2017 年 6 月 1 日 -2027 年 5 月 31 日，租金前 3 年为 1.13 元/m^2 天，分三次递增，分别为 1.243 元/m^2 天、1.367 元/m^2 天、1.504 元/m^2 天），收益法评估采用的市场租金为 0.7 元/m^2 天，未见市场调查资料，合同租金和选取租金差异大的理由。

评估报告中的收益法结果为 6 313 万元（采用的市场租金为 0.7 元/m^2 天），在采用合同租金 1.13 元/m^2 天，其他条件不变的情况下，计算得出的收益法评估值 10 724 万元，两者相差 4 411 万元（10 724 - 6 313 = 4 411），与最终取成本法的评估值 5 866 万元相比，差异率 75%。

违反了《资产评估执业准则——不动产》第二十条的规定。

四、整理归集评估档案方面

1. 无独立性分析评价记录。

违反了《资产评估执业准则——资产评估程序》第七条的规定。

2. 未见当事人提供的资产评估申报表等。

违反了《资产评估执业准则——资产评估档案》第十二条的规定。

根据《中国资产评估协会会员执业行为自律惩戒办法》（中评协〔2018〕23 号）第十四条、第十六条、第二十一条的规定，经中国资产评估协会惩戒委员会审议，决定：

对你们分别予以严重警告的行业自律惩戒。

你们对上述自律惩戒如有异议，可以在收到本《惩戒决定书》之日起 15 个工作日内向中评协提出书面申诉。申诉期间，本惩戒决定不停止执行。

中国资产评估协会

2021 年 11 月 XX 日

1-3-5 中评协自律惩戒案例（警告）

中国资产评估协会自律惩戒决定书（李某某）

李某某：

根据《加强资产评估行业联合监管若干措施》（财办监〔2021〕7号）及《资产评估执业质量自律检查办法》（中评协〔2006〕98号）的有关规定，财政部监督评价局与中国资产评估协会（以下简称中评协）联合检查组于2021年7月19日至2021年7月29日，对你所在的天津XX资产评估有限公司自2020年1月1日至2021年4月30日期间的业务进行了执业质量检查。检查发现，你出具的《天津A有限公司拟资产转让（公开挂牌）所涉及该公司持有的投资性房地产项目评估项目资产评估报告》和《天津B集团有限公司拟整体股权转让所涉及的天津C有限公司股东全部权益价值资产评估报告》存在以下问题：

一、《天津A有限公司拟资产转让（公开挂牌）所涉及该公司持有的投资性房地产项目评估项目资产评估报告》

评定估算形成结论方面，收益法评估过程中：

1. 根据增长率计算租金的公式错误，第5年肯德基部分的租金少记11个月，造成评估低估4 140.18万元，与收益法评估结论23 796.33万元相比，误差率17.40%。

2. 未对建筑物在第35.57年的回收价值4 726.28万元进行折现，造成评估高估4 179.92万元，与收益法评估结论23 796.33万元相比，误差率17.57%。

违反了《资产评估执业准则——资产评估程序》第十九条、第二十一条的规定。

二、《天津B集团有限公司拟整体股权转让所涉及的天津C有限公司股东全部权益价值资产评估报告》

1. 进行评估现场调查方面

未采用与评估项目相适应的现场调查方式。在评估底稿中，原材料、低值易耗品盘点表中无盘点数量和盘点结果分析，未关注账面已经计提存货跌价准备情况；无公产房的勘察记录。

违反了《资产评估执业准则——资产评估程序》第七条、第十二条、第十三条的规定。

2. 收集整理评估资料方面

未根据资产评估业务具体情况收集资产评估业务需要的历史数据、行业数据等资料。

（1）评估底稿中未收集以下资料：机器设备询价记录、原材料基准日近期价格查询记录、公产房采用收益法评估时房地产租金水平调查记录、房地产采用市场法评估时的案例调查记录，假设开发法中相关房屋建安造价和开发完成后售价等确定依据；未收集在建工程相关的原建设工程规划许可证和《闲置场地、营业用房及设施转让协议书》等资料。

（2）未完整收集分析有关反映评估基准日评估对象权益状况的法律文件，如被评估单位公司章程等；未完整收集分析被评估单位历史沿革的资料，如企业成立和经营的时间，股权变动情况，控股股东及股东持股比例等，并确信信息来源是可靠的和适当的；未收集对外投资相关资料，包括子公司股权结构图等。

违反了《资产评估执业准则——资产评估程序》第十二条、第十三条，《资产评估执业准则——资产评估档案》第十一条的规定。

3. 评定估算形成结论方面

（1）未根据评估目的、评估对象、价值类型、资料收集等情况，选取适当的评估方法。

工业用地仅取得建设工程规划许可证，未取得相关证据明确建成房屋具体物业类型以及能否销售，是整体销售还是分割销售等，故选用假设开发法测算的理由不充分。

基准地价修正法评估结果和假设开发法评估结果分别为852.9元/平方米和2 890.49元/平方米。评估说明第36页描述“两种方法的测算存在较大的差距，假设开发法的结果更能体现出委估土地的潜在市场价值，故最终评估结果采用假设开发法的评估结果为2 890.49元/平方米”。选择假设开发法评估结果作为土地使用权评估值理由不充分。

违反了《资产评估执业准则——资产评估程序》第十九条、第二十一条，《资产评估执业准则——企业价值》第三十七条的规定。

（2）评估结论确定的过程不合理、理由不充分。

评估说明中描述“至评估基准日天津C有限公司未实际出资，因此账面值为零。根据长投公司评估基准日报表显示，实收资本为零，所有者权益为－14 367.33元，故评估值确认为零”。根据公司法相关规定即使未对被投资单位进行出资，当被评估单位净资产为负值时，股东仍有按照认缴金额为限承担亏损的义务。故评估值为零的处理方式不合理。

违反了《资产评估执业准则——评估程序》第二十一条，《企业国有资产评估报告指南》第四十二条的规定。

（3）模型设计不准确、部分要素未纳入计算模型

其他无形资产——公产房系通过与天津市房产总公司签订租赁合同取得的公有非住宅房产使用权，截止评估基准日，剩余合同租期为9个月，评估时分别采用市场法和收益法评估，市场法评估时选择了普通商品房作为交易案例，然后在比准价格的基础上按照80%的权益再扣除土地出让金，该评估处理依据不充分。

根据评估说明中描述“评估对象为公产房，依据《天津市直管公有房产资产管理办法》补充规定的通知（津国土房管〔2007〕342号）的规定，直管公有非住宅房屋向原使用人出售，按照房

地产市场评估价格房屋所有权与使用权价值分配比例为2∶8，原使用人与经营管理单位签订协议，交纳所有权补偿费。故本次评估首选求取评估对象市场价格，然后按照房地产市场评估价格房屋所有权与使用权价值分配比例为2∶8进行分配，取得评估对象最终价格”。而评估说明第43页描述“按照房地产市场评估价格房屋所有权与使用权价值分配比例为2∶8，原使用人与经营管理单位签订协议，交纳所有权补偿费并补交土地出让金”，即在按照2∶8分配的基础上又扣除土地出让金，与前文描述相矛盾。同时，本次评估中未收集公产房占用的土地性质相关资料，故扣除土地出让金的依据不充分。

收益法测算过程中净收益计算有误，包括营运费用中保险费和合同租金计算有误（未按年计算，和收入计算口径不一致）等情况，该部分计算错误导致的差异为－23.7万元，差异率为－10%（公产房采用市场法评估结果作为评估值，未采用收益法评估结果）。

委估公产房租赁合同记载的合同期为2019年5月24日至2020年12月31日，截止评估基准日，剩余合同租期为9个月，收益年限采用房屋剩余经济使用年限无合理理由。

违反了《资产评估执业准则——资产评估程序》第十九条、第二十一条，《资产评估执业准则——企业价值》第三十七条的规定。

4. 编制出具评估报告方面

（1）假设开发法计算时土地增值税按2%税率预缴测算，未进行清缴。由于不同土地增值税计算方式对评估结果的影响较大，评估报告中特别事项中未充分披露该事项处理方式以及对评估结论的影响。

违反了《资产评估执业准则——资产评估报告》第五条的规定。

（2）无企业持续经营假设和土地假设开发法相关假设；公产房到期可延续的假设依据不充分。

违反了《资产评估执业准则——资产评估报告》第四条、第五条、第二十三条，《资产评估执业准则——资产评估程序》第二十条，《企业国有资产评估报告指南》第二十一条的规定。

（3）评估依据中无其他无形资产——公产房评估相关法律法规和取价依据；部分评估依据的文件评估基准日已修订或已废止。

上述问题违反了《资产评估执业准则——资产评估报告》第四条、第五条，《企业国有资产评估报告指南》第十八条的规定。

5. 整理归集评估档案方面

未按照规定进行档案管理。电子版计算稿未集中归档，存在纸质文档与其他介质形式保存的文档内容不一致的情况。

违反了《资产评估执业准则——资产评估档案》第七条、第十六条的规定。

根据《中国资产评估协会会员执业行为自律惩戒办法》（中评协〔2018〕23号）第十四条、第十六条、第十七条、第十九条、第二十二条的规定，经中国资产评估协会惩戒委员会审议，决定：

对你予以警告的行业自律惩戒。

你对上述自律惩戒如有异议，可以在收到本《惩戒决定书》之日起15个工作日内向中评协提出书面申诉。申诉期间，本惩戒决定不停止执行。

中国资产评估协会

2021年11月XX日

附录2　法律法规制度一览表

序号	文件名称	文号	发文日期	发文机构
一、通用类				
1	中华人民共和国公司法	中华人民共和国主席令第15号	2018/10/26	全国人民代表大会常务委员会
2	中华人民共和国证券法	中华人民共和国主席令第37号	2019/12/28	全国人民代表大会常务委员会
3	中华人民共和国资产评估法	中华人民共和国主席令第46号	2016/7/2	全国人民代表大会常务委员会
4	中华人民共和国行政处罚法	中华人民共和国主席令第70号	2021/1/22	全国人民代表大会常务委员会
5	中华人民共和国刑法修正案（十一）	中华人民共和国主席令第66号	2020/12/26	全国人民代表大会常务委员会
6	最高人民法院关于审理证券市场虚假陈述侵权民事赔偿案件的若干规定	法释〔2022〕2号	2022/1/21	最高人民法院
7	最高人民法院中国证券监督管理委员会关于适用《最高人民法院关于审理证券市场虚假陈述侵权民事赔偿案件的若干规定》有关问题的通知	法〔2022〕23号	2022/1/21	最高人民法院、中国证监会

续表

序号	文件名称	文号	发文日期	发文机构
8	最高人民法院关于在经济犯罪审判中参照适用《最高人民检察院、公安部关于公安机关管辖的刑事案件立案追诉标准的规定（二）》的通知	法发〔2010〕22号	2010/6/21	最高人民法院
9	关于印发《最高人民检察院、公安部关于公安机关管辖的刑事案件立案追诉标准的规定（二）》的通知		2022/4/29	最高人民检察院、公安部
10	国务院办公厅关于贯彻实施修订后的证券法有关工作的通知	国办发〔2020〕5号	2020/2/29	国务院办公厅
11	国务院办公厅转发证监会关于开展创新企业境内发行股票或存托凭证试点若干意见的通知	国办发〔2018〕21号	2018/3/30	国务院办公厅
12	证券期货市场诚信监督管理办法	证监会令第166号	2020/3/20	中国证监会
13	上市公司信息披露管理办法（2021年修订）	证监会令第182号	2021/3/18	中国证监会
14	上市公司重大资产重组管理办法（2020年修订）	证监会令第166号	2020/3/20	中国证监会
15	上市公司收购管理办法（2020年修订）	证监会令第166号	2020/3/20	中国证监会
16	关于修改《中国证券监督管理委员会行政许可实施程序规定》的决定	证监会令第138号	2018/3/8	中国证监会
17	资产评估行业财政监督管理办法	财政部令第97号	2019/1/2	财政部

续表

序号	文件名称	文号	发文日期	发文机构
18	证券服务机构从事证券服务业务备案管理规定	证监会公告〔2020〕52号	2020/7/24	中国证监会、工业和信息化部、司法部、财政部
19	资产评估机构从事证券服务业务备案办法	财资〔2020〕114号	2020/11/3	财政部、中国证监会
20	公开发行证券的公司信息披露内容与格式准则第2号——年度报告的内容与格式（2021年修订）	证监会公告〔2021〕15号	2021/6/28	中国证监会
21	公开发行证券的公司信息披露内容与格式准则第3号——半年度报告的内容与格式（2021年修订）	证监会公告〔2021〕16号	2021/6/28	中国证监会
22	公开发行证券的公司信息披露内容与格式准则第15号——权益变动报告书（2020年修订）	证监会公告〔2020〕20号	2020/3/20	中国证监会
23	公开发行证券的公司信息披露内容与格式准则第16号——上市公司收购报告书（2020年修订）	证监会公告〔2020〕20号	2020/3/20	中国证监会
24	公开发行证券的公司信息披露内容与格式准则第26号——上市公司重大资产重组（2022年修订）	证监会公告〔2022〕10号	2022/1/5	中国证监会
25	监管规则适用指引——上市类第1号		2020/7/31	中国证监会
26	监管规则适用指引——评估类第1号		2021/1/22	中国证监会

续表

序号	文件名称	文号	发文日期	发文机构
27	会计监管风险提示第 5 号——上市公司股权交易资产评估		2013/2/6	中国证监会
28	会计监管风险提示第 7 号——轻资产类公司收益法评估		2017/6/5	中国证监会
29	会计监管风险提示第 8 号——商誉减值		2018/11/16	中国证监会
二、沪深主板				
30	首次公开发行股票并上市管理办法	证监会令第 196 号	2022/3/24	中国证监会
31	上市公司证券发行管理办法（2020 年修订）	证监会令第 163 号	2020/2/14	中国证监会
32	上市公司非公开发行股票实施细则	证监会公告〔2020〕11 号	2020/2/14	中国证监会
33	公开发行证券的公司信息披露内容与格式准则第 1 号——招股说明书	证监会公告〔2015〕32 号	2015/12/30	中国证监会
34	公开发行证券的公司信息披露内容与格式准则第 5 号——公司股份变动报告的内容与格式（2022 年修订）	证监会公告〔2022〕8 号	2022/1/5	中国证监会
35	公开发行证券的公司信息披露内容与格式准则第 9 号——首次公开发行股票并上市申请文件	证监发行字〔2006〕6 号	2006/5/18	中国证监会
36	公开发行证券的公司信息披露内容与格式准则第 10 号——上市公司公开发行证券申请文件	证监发行字〔2006〕1 号	2006/5/8	中国证监会

续表

序号	文件名称	文号	发文日期	发文机构
37	公开发行证券的公司信息披露内容与格式准则第11号——上市公司公开发行证券募集说明书	证监发行字〔2006〕2号	2006/5/18	中国证监会
38	公开发行证券的公司信息披露内容与格式准则第15号——权益变动报告书	证监会公告〔2014〕24号	2014/5/28	中国证监会
39	公开发行证券的公司信息披露内容与格式准则第16号——上市公司收购报告书	证监会公告〔2014〕25号	2014/5/28	中国证监会
40	公开发行证券的公司信息披露内容与格式准则第25号——上市公司非公开发行股票预案和发行情况报告书	证监发行字〔2007〕303号	2017/9/17	中国证监会
41	公开发行证券的公司信息披露内容与格式准则第32号——发行优先股申请文件	证监会公告〔2014〕12号	2014/4/1	中国证监会
42	公开发行证券的公司信息披露内容与格式准则第33号——发行优先股预案和发行情况报告书	证监会公告〔2014〕13号	2014/4/1	中国证监会
43	公开发行证券的公司信息披露内容与格式准则第34号——发行优先股募集说明书	证监会公告〔2014〕14号	2014/4/1	中国证监会
44	公开发行证券的公司信息披露内容与格式准则第40号——试点红筹企业公开发行存托凭证并上市申请文件	证监会公告〔2018〕15号	2018/6/6	中国证监会

续表

序号	文件名称	文号	发文日期	发文机构
45	上海证券交易所股票上市规则（2022年1月修订）	上证发〔2022〕1号	2022/1/7	上海证券交易所
46	上海证券交易所上市公司自律监管指引第1号——规范运作	上证发〔2022〕2号	2022/1/7	上海证券交易所
47	上海证券交易所上市公司自律监管指引第2号——信息披露事务管理	上证发〔2022〕3号	2022/1/7	上海证券交易所
48	上海证券交易所上市公司自律监管指引第3号——行业信息披露	上证发〔2022〕4号	2022/1/7	上海证券交易所
49	上海证券交易所上市公司自律监管指引第5号——交易与关联交易	上证发〔2022〕6号	2022/1/7	上海证券交易所
50	上海证券交易所上市公司自律监管指引第6号——重大资产重组	上证发〔2022〕7号	2022/1/7	上海证券交易所
51	上海证券交易所上市公司自律监管指引第10号——纪律处分实施标准	上证发〔2022〕11号	2022/1/7	上海证券交易所
52	上海证券交易所纪律处分和监管措施实施办法（2019年修订）	上证发〔2019〕97号	2019/10/11	上海证券交易所
53	深圳证券交易所股票上市规则（2022年修订）	深证上〔2022〕12号	2022/1/7	深圳证券交易所
54	深圳证券交易所上市公司自律监管指引第1号——主板上市公司规范运作	深证上〔2022〕13号	2022/1/7	深圳证券交易所

续表

序号	文件名称	文号	发文日期	发文机构
55	深圳证券交易所上市公司自律监管指引第3号——行业信息披露	深证上〔2022〕15号	2022/1/7	深圳证券交易所
56	深圳证券交易所上市公司自律监管指引第5号——信息披露事务管理	深证上〔2022〕17号	2022/1/7	深圳证券交易所
57	深圳证券交易所上市公司自律监管指引第7号——交易与关联交易	深证上〔2022〕19号	2022/1/7	深圳证券交易所
58	深圳证券交易所上市公司自律监管指引第8号——重大资产重组	深证上〔2022〕20号	2022/1/7	深圳证券交易所
59	深圳证券交易所上市公司自律监管指引第12号——纪律处分实施标准	深证上〔2022〕24号	2022/1/7	深圳证券交易所
60	深圳证券交易所上市公司自律监管指引第13号——保荐业务	深证上〔2022〕25号	2022/1/7	深圳证券交易所
61	深圳证券交易所自律监管措施和纪律处分实施办法（2022年修订）	深证上〔2022〕159号	2022/2/18	深圳证券交易所
	三、科创板			
62	科创板首次公开发行股票注册管理办法（试行）（2020年7月修正）	证监会令第174号	2020/7/10	中国证监会
63	科创板上市公司证券发行注册管理办法（试行）	证监会令第171号	2020/7/3	中国证监会
64	科创板上市公司持续监管办法（试行）	证监会令第154号	2019/3/1	中国证监会

续表

序号	文件名称	文号	发文日期	发文机构
65	关于在上海证券交易所设立科创板并试点注册制的实施意见	证监会公告〔2019〕2号	2019/1/28	中国证监会
66	科创板上市公司重大资产重组特别规定	证监会公告〔2019〕19号	2019/8/23	中国证监会
67	公开发行证券的公司信息披露编报规则第24号——科创板创新试点红筹企业财务报告信息特别规定（2020年修订）	证监会公告〔2020〕20号	2020/9/11	中国证监会
68	公开发行证券的公司信息披露内容与格式准则第41号——科创板公司招股说明书	证监会公告〔2019〕6号	2019/3/1	中国证监会
69	公开发行证券的公司信息披露内容与格式准则第42号——首次公开发行股票并在科创板上市申请文件	证监会公告〔2019〕7号	2020/7/3	中国证监会
70	公开发行证券的公司信息披露内容与格式准则第43号——科创板上市公司向不特定对象发行证券募集说明书	证监会公告〔2020〕37号	2020/7/3	中国证监会
71	公开发行证券的公司信息披露内容与格式准则第44号——科创板上市公司向特定对象发行证券募集说明书和发行情况报告书	证监会公告〔2020〕38号	2020/7/3	中国证监会
72	公开发行证券的公司信息披露内容与格式准则第45号——科创板上市公司发行证券申请文件	证监会公告〔2020〕39号	2020/7/3	中国证监会

续表

序号	文件名称	文号	发文日期	发文机构
73	上海证券交易所科创板股票上市规则（2020年修订）	上证发〔2020〕101号	2020/12/31	上海证券交易所
74	上海证券交易所科创板股票发行上市审核规则	上证发〔2020〕89号	2020/12/4	上海证券交易所
75	上海证券交易所科创板上市公司证券发行上市审核规则	上证发〔2020〕50号	2020/7/3	上海证券交易所
76	上海证券交易所科创板上市公司重大资产重组审核规则	上证发〔2021〕46号	2021/6/22	上海证券交易所
77	北京证券交易所上市公司向上海证券交易所科创板转板办法（试行）	上证发〔2022〕34号	2021/2/26	上海证券交易所
78	上海证券交易所科创板上市委员会管理办法（2021年修订）	上证发〔2021〕47号	2021/6/22	上海证券交易所
79	上海证券交易所科创板企业发行上市申报及推荐暂行规定（2021年4月修订）	上证发〔2021〕23号	2021/4/16	上海证券交易所
80	上海证券交易所科创板发行上市审核规则适用指引第1号——保荐业务现场督导	上证发〔2021〕13号	2021/2/3	上海证券交易所
81	上海证券交易所科创板发行上市审核规则适用指引第2号——上市公司重大资产重组审核标准及相关事项	上证发〔2021〕48号	2021/6/22	上海证券交易所

续表

序号	文件名称	文号	发文日期	发文机构
82	上海证券交易所科创板发行上市审核规则适用指引第3号——转板上市申请文件	上证发〔2021〕57号	2021/7/23	上海证券交易所
83	上海证券交易所科创板发行上市审核规则适用指引第4号——转板上市报告书内容与格式	上证发〔2021〕58号	2021/7/23	上海证券交易所
84	上海证券交易所科创板发行上市审核规则适用指引第5号——转板上市保荐书	上证发〔2021〕59号	2021/7/23	上海证券交易所
85	上海证券交易所科创板发行上市审核规则适用指引第6号——转板上市股份相关事项	上证发〔2021〕60号	2021/7/23	上海证券交易所
86	上海证券交易所科创板股票发行上市审核问答	上证发〔2019〕29号	2019/3/3	上海证券交易所
87	上海证券交易所科创板股票发行上市审核问答（二）	上证发〔2019〕36号	2019/3/24	上海证券交易所
88	上海证券交易所科创板上市公司证券发行上市审核问答	上证发〔2020〕52号	2020/7/3	上海证券交易所
89	上海证券交易所科创板上市保荐书内容与格式指引	上证发〔2019〕24号	2019/3/1	上海证券交易所
90	上海证券交易所科创板股票发行上市申请文件受理指引	上证发〔2019〕25号	2019/3/1	上海证券交易所
91	上海证券交易所科创板上市公司自律监管规则适用指引第1号——规范运作	上证发〔2022〕14号	2022/1/7	上海证券交易所

续表

序号	文件名称	文号	发文日期	发文机构
92	上海证券交易所科创板上市公司自律监管规则适用指引第 2 号——自愿信息披露	上证发〔2022〕14 号	2022/1/7	上海证券交易所
93	上海证券交易所科创板上市公司自律监管规则适用指引第 3 号——科创属性持续披露及相关事项	上证发〔2022〕14 号	2022/1/7	上海证券交易所
94	科创板创新试点红筹企业财务报告信息披露指引	上证发〔2019〕32 号	2019/3/15	上海证券交易所
95	上海证券交易所科创板股票上市公告书内容与格式指引	上证发〔2019〕65 号 01	2019/6/8	上海证券交易所
96	上海证券交易所科创板存托凭证上市公告书内容与格式指引	上证发〔2019〕65 号 02	2019/6/8	上海证券交易所
97	上海证券交易所科创板首次公开发行股票发行与上市业务指南	上证函〔2020〕1176 号	2020/6/12	上海证券交易所
98	上海证券交易所科创板发行上市审核业务指南第 1 号——发行上市申请文件	上证函〔2020〕2034 号	2020/9/16	上海证券交易所
99	上海证券交易所科创板发行上市审核业务指南第 2 号——常见问题的信息披露和核查要求自查表	上证函〔2021〕230 号	2021/2/1	上海证券交易所
100	上海证券交易所科创板发行上市审核业务指南第 3 号——业务咨询沟通	上证函〔2021〕1193 号	2021/7/16	上海证券交易所

续表

序号	文件名称	文号	发文日期	发文机构
		四、创业板		
101	创业板首次公开发行股票注册管理办法（试行）	证监会令第 167 号	2020/6/12	中国证监会
102	创业板上市公司证券发行注册管理办法（试行）	证监会令第 168 号	2020/6/12	中国证监会
103	创业板上市公司持续监管办法（试行）	证监会令第 169 号	2020/6/12	中国证监会
104	公开发行证券的公司信息披露内容与格式准则第 28 号——创业板公司招股说明书（2020 年修订）	证监会公告〔2020〕31 号	2020/6/12	中国证监会
105	公开发行证券的公司信息披露内容与格式准则第 29 号——首次公开发行股票并在创业板上市申请文件（2020 年修订）	证监会公告〔2020〕32 号	2020/6/12	中国证监会
106	公开发行证券的公司信息披露内容与格式准则第 35 号——创业板上市公司向不特定对象发行证券募集说明书（2020 年修订）	证监会公告〔2020〕33 号	2020/6/12	中国证监会
107	公开发行证券的公司信息披露内容与格式准则第 36 号——创业板上市公司向特定对象发行证券募集说明书和发行情况报告书（2020 年修订）	证监会公告〔2020〕34 号	2020/6/12	中国证监会
108	公开发行证券的公司信息披露内容与格式准则第 37 号——创业板上市公司发行证券申请文件（2020 年修订）	证监会公告〔2020〕35 号	2020/6/12	中国证监会

续表

序号	文件名称	文号	发文日期	发文机构
109	《深圳证券交易所创业板股票上市规则（2020年12月修订）》	深证上〔2020〕1292号	2020/12/31	深圳证券交易所
110	深圳证券交易所上市公司自律监管指引第2号——创业板上市公司规范运作	深证上〔2022〕14号	2022/1/7	深圳证券交易所
111	深圳证券交易所上市公司自律监管指引第4号——创业板行业信息披露	深证上〔2022〕16号	2022/1/7	深圳证券交易所
112	深圳证券交易所创业板上市委员会管理办法（2021年修订）	深证上〔2021〕541号	2021/6/22	深圳证券交易所
113	深圳证券交易所创业板股票发行上市审核规则	深证上〔2020〕501号	2020/6/12	深圳证券交易所
114	深圳证券交易所创业板上市公司证券发行上市审核规则	深证上〔2020〕502号	2020/6/12	深圳证券交易所
115	深圳证券交易所创业板企业发行上市申报及推荐暂行规定	深证上〔2020〕506号	2020/6/12	深圳证券交易所
116	深圳证券交易所创业板上市公司重大资产重组审核规则（2021年修订）	深证上〔2021〕540号	2021/6/22	深圳证券交易所
117	深圳证券交易所关于北京证券交易所上市公司向创业板转板办法（试行）	深证上〔2022〕219号	2022/3/4	深圳证券交易所
118	深圳证券交易所创业板上市保荐书内容与格式指引（2021年修订）	深证上〔2021〕728号	2021/7/23	深圳证券交易所

续表

序号	文件名称	文号	发文日期	发文机构
119	深圳证券交易所创业板发行上市申请文件受理指引（2021年修订）	深证上〔2021〕729号	2021/7/23	深圳证券交易所
120	深圳证券交易所创业板发行上市审核业务指南第1号——创业板发行上市申请文件受理关注要点	深证上〔2021〕724号	2021/7/23	深圳证券交易所
121	深圳证券交易所创业板发行上市审核业务指南第2号——创业板首次公开发行审核关注要点	深证上〔2021〕724号	2021/7/23	深圳证券交易所
122	深圳证券交易所创业板发行上市审核业务指南第3号——创业板上市公司向不特定对象发行证券审核关注要点	深证上〔2021〕724号	2021/7/23	深圳证券交易所
123	深圳证券交易所创业板发行上市审核业务指南第4号——创业板上市公司向特定对象发行证券审核关注要点	深证上〔2021〕724号	2021/7/23	深圳证券交易所
124	深圳证券交易所创业板发行上市审核业务指南第5号——创业板上市公司向特定对象发行证券审核关注要点（简易程序）	深证上〔2021〕724号	2021/7/23	深圳证券交易所
125	深圳证券交易所创业板发行上市审核业务指南第6号——创业板上市公司重大资产重组审核关注要点	深证上〔2021〕724号	2021/7/23	深圳证券交易所

续表

序号	文件名称	文号	发文日期	发文机构
126	深圳证券交易所创业板发行上市审核业务指南第7号——业务咨询沟通	深证上〔2021〕917号	2021/9/16	深圳证券交易所
127	深圳证券交易所创业板发行上市审核业务指引第1号——保荐业务现场督导	深证上〔2021〕454号	2021/4/29	深圳证券交易所
128	深圳证券交易所创业板发行上市审核业务指引第2号——上市公司重大资产重组审核标准	深证上〔2021〕542号	2021/6/22	深圳证券交易所
129	深圳证券交易所创业板发行上市审核业务指引第3号——全国中小企业股份转让系统挂牌公司向创业板转板上市报告书内容与格式	深证上〔2021〕726号	2021/7/23	深圳证券交易所
130	深圳证券交易所创业板发行上市审核业务指引第4号——全国中小企业股份转让系统挂牌公司向创业板转板上市申请文件	深证上〔2021〕727号	2021/7/23	深圳证券交易所
131	深圳证券交易所创业板发行上市审核业务指引第5号——转板上市股份相关事项	深证上〔2021〕730号	2021/7/23	深圳证券交易所
132	深圳证券交易所创业板上市公司证券发行上市审核问答	深证上〔2020〕511号	2020/6/12	深圳证券交易所
133	深圳证券交易所创业板股票首次公开发行上市审核问答	深证上〔2020〕510号	2020/6/12	深圳证券交易所

续表

序号	文件名称	文号	发文日期	发文机构
五、北交所				
134	北京证券交易所向不特定合格投资者公开发行股票注册管理办法（试行）	证监会令第 187 号	2021/10/30	中国证监会
135	北京证券交易所上市公司证券发行注册管理办法（试行）	证监会令第 188 号	2021/10/30	中国证监会
136	北京证券交易所上市公司持续监管办法（试行）	证监会令第 189 号	2021/10/30	中国证监会
137	公开发行证券的公司信息披露内容与格式准则第 46 号——北京证券交易所公司招股说明书	证监会公告〔2021〕26 号	2021/10/30	中国证监会
138	公开发行证券的公司信息披露内容与格式准则第 47 号——向不特定合格投资者公开发行股票并在北京证券交易所上市申请文件	证监会公告〔2021〕27 号	2021/10/30	中国证监会
139	公开发行证券的公司信息披露内容与格式准则第 48 号——北京证券交易所上市公司向不特定合格投资者公开发行股票募集说明书	证监会公告〔2021〕28 号	2021/10/30	中国证监会
140	公开发行证券的公司信息披露内容与格式准则第 49 号——北京证券交易所上市公司向特定对象发行股票募集说明书和发行情况报告书	证监会公告〔2021〕29 号	2021/10/30	中国证监会

续表

序号	文件名称	文号	发文日期	发文机构
141	公开发行证券的公司信息披露内容与格式准则第 50 号——北京证券交易所上市公司向特定对象发行可转换公司债券募集说明书和发行情况报告书	证监会公告〔2021〕30 号	2021/10/30	中国证监会
142	公开发行证券的公司信息披露内容与格式准则第 51 号——北京证券交易所上市公司向特定对象发行优先股募集说明书和发行情况报告书	证监会公告〔2021〕31 号	2021/10/30	中国证监会
143	公开发行证券的公司信息披露内容与格式准则第 52 号——北京证券交易所上市公司发行证券申请文件	证监会公告〔2021〕32 号	2021/10/30	中国证监会
144	公开发行证券的公司信息披露内容与格式准则第 53 号——北京证券交易所上市公司年度报告	证监会公告〔2021〕33 号	2021/10/30	中国证监会
145	公开发行证券的公司信息披露内容与格式准则第 54 号——北京证券交易所上市公司中期报告	证监会公告〔2021〕34 号	2021/10/30	中国证监会
146	公开发行证券的公司信息披露内容与格式准则第 55 号——北京证券交易所上市公司权益变动报告书、上市公司收购报告书、要约收购报告书、被收购公司董事会报告书	证监会公告〔2021〕35 号	2021/10/30	中国证监会

续表

序号	文件名称	文号	发文日期	发文机构
147	公开发行证券的公司信息披露内容与格式准则第56号——北京证券交易所上市公司重大资产重组	证监会公告〔2021〕36号	2021/10/30	中国证监会
148	北京证券交易所股票上市规则（试行）	北证公告〔2021〕13号	2021/10/30	北京证券交易所
149	北京证券交易所上市委员会管理细则	北证公告〔2021〕6号	2021/10/30	北京证券交易所
150	北京证券交易所向不特定合格投资者公开发行股票并上市业务办理指南第1号——申报与审核	北证公告〔2021〕26号	2021/11/2	北京证券交易所
151	北京证券交易所向不特定合格投资者公开发行股票并上市业务办理指南第2号——发行与上市	北证公告〔2021〕27号	2021/11/2	北京证券交易所
152	北京证券交易所向不特定合格投资者公开发行股票并上市审核规则（试行）	北证公告〔2021〕5号	2021/10/30	北京证券交易所
153	北京证券交易所向不特定合格投资者公开发行股票并上市业务规则适用指引第1号	北证公告〔2021〕60号	2021/11/12	北京证券交易所
154	北京证券交易所上市公司证券发行上市审核规则（试行）	北证公告〔2021〕9号	2021/10/30	北京证券交易所
155	北京证券交易所上市公司向特定对象发行优先股业务细则	北证公告〔2021〕10号	2021/10/30	北京证券交易所

续表

序号	文件名称	文号	发文日期	发文机构
156	北京证券交易所上市公司向特定对象发行可转换公司债券业务细则	北证公告〔2021〕11号	2021/10/30	北京证券交易所
157	北京证券交易所上市公司重大资产重组审核规则（试行）	北证公告〔2021〕12号	2021/10/30	北京证券交易所
158	北京证券交易所上市公司重大资产重组业务指引	北证公告〔2021〕34号	2021/11/2	北京证券交易所
159	北京证券交易所上市公司持续监管指引第2号——季度报告			北京证券交易所
160	北京证券交易所上市公司持续监管指引第3号——股权激励和员工持股计划	北证公告〔2021〕36号	2021/11/2	北京证券交易所
161	北京证券交易所上市公司持续监管指引第6号——内幕信息知情人管理及报送			北京证券交易所
162	北京证券交易所上市公司业务办理指南第6号——定期报告相关事项			北京证券交易所
163	北京证券交易所上市公司业务办理指南第7号——信息披露业务办理			北京证券交易所
164	北京证券交易所自律监管措施和纪律处分实施细则	北证公告〔2021〕47号	2021/11/2	北京证券交易所
	六、股转系统			
165	关于修改非上市公众公司监督管理办法的决定	证监会令第190号	2021/10/30	中国证监会

续表

序号	文件名称	文号	发文日期	发文机构
166	关于修改非上市公众公司信息披露管理办法的决定	证监会令第 191 号	2021/10/30	中国证监会
167	非上市公众公司重大资产重组管理办法	证监会令第 166 号	2020/3/20	中国证监会
168	非上市公众公司收购管理办法	证监会令第 166 号	2020/3/20	中国证监会
169	非上市公众公司信息披露内容与格式准则第 3 号——定向发行说明书和发行情况报告书（2020 年修订）	证监会公告〔2020〕3 号	2020/1/13	中国证监会
170	非上市公众公司信息披露内容与格式准则第 4 号——定向发行申请文件（2020 年修订）	证监会公告〔2020〕4 号	2020/1/13	中国证监会
171	非上市公众公司信息披露内容与格式准则第 6 号——重大资产重组报告书	证监会公告〔2014〕35 号	2014/6/23	中国证监会
172	非上市公众公司信息披露内容与格式准则第 1 号——公开转让说明书		2020/3/20	中国证监会
173	非上市公众公司信息披露内容与格式准则第 2 号——公开转让股票申请文件		2020/3/20	中国证监会
174	非上市公众公司信息披露内容与格式准则第 5 号——权益变动报告书、收购报告书、要约收购报告书		2020/3/20	中国证监会

续表

序号	文件名称	文号	发文日期	发文机构
175	非上市公众公司信息披露内容与格式准则第 7 号——定向发行优先股说明书和发行情况报告书		2020/3/20	中国证监会
176	非上市公众公司信息披露内容与格式准则第 8 号——定向发行优先股申请文件		2020/3/21	中国证监会
177	非上市公众公司信息披露内容与格式准则第 18 号——定向发行可转换公司债券说明书和发行情况报告书	证监会公告〔2021〕37 号	2021/10/30	中国证监会
178	非上市公众公司信息披露内容与格式准则第 19 号——定向发行可转换公司债券发行申请文件	证监会公告〔2021〕38 号	2021/10/30	中国证监会
179	非上市公众公司监管指引第 6 号——股权激励和员工持股计划的监管要求（试行）	证监会公告〔2020〕57 号	2020/8/21	中国证监会
180	非上市公众公司信息披露内容与格式准则第 9 号——创新层挂牌公司年度报告	证监会公告〔2020〕5 号	2020/1/13	中国证监会
181	非上市公众公司信息披露内容与格式准则第 10 号——基础层挂牌公司年度报告	证监会公告〔2020〕6 号	2020/1/13	中国证监会

续表

序号	文件名称	文号	发文日期	发文机构
182	非上市公众公司信息披露内容与格式准则第 15 号——创新层挂牌公司中期报告	证监会公告〔2020〕49 号	2020/7/22	中国证监会
183	非上市公众公司信息披露内容与格式准则第 16 号——基础层挂牌公司中期报告	证监会公告〔2020〕50 号	2020/7/22	中国证监会
184	中国证监会关于全国中小企业股份转让系统挂牌公司转板上市的指导意见	证监会公告〔2020〕29 号	2020/6/3	中国证监会
185	全国中小企业股份转让系统股票挂牌条件适用基本标准指引	股转系统公告〔2020〕151 号	2020/2/28	股转系统
186	全国中小企业股份转让系统挂牌申请文件内容与格式指引		2020/1/3	股转系统
187	全国中小企业股份转让系统公开转让说明书内容与格式指引（试行）		2020/2/28	股转系统
188	全国中小企业股份转让系统股票挂牌审查工作指引		2020/1/3	股转系统
189	全国中小企业股份转让系统股票挂牌业务操作指南		2020/9/30	股转系统
190	全国中小企业股份转让系统股票挂牌审查业务规则适用指引第 1 号	股转系统公告〔2020〕794 号	2020/11/6	股转系统
191	全国中小企业股份转让系统股票定向发行规则	股转系统公告〔2020〕1 号	2020/1/3	股转系统

续表

序号	文件名称	文号	发文日期	发文机构
192	全国中小企业股份转让系统股票定向发行业务规则适用指引第1号	股转系统公告〔2021〕1012号	2021/11/12	股转系统
193	全国中小企业股份转让系统股票定向发行业务指南	股转系统公告〔2021〕1013号	2021/11/12	股转系统
194	全国中小企业股份转让系统挂牌委员会管理细则	股转系统公告〔2021〕1014号	2021/11/12	股转系统
195	全国中小企业股份转让系统非上市公众公司重大资产重组业务细则	股转系统公告〔2020〕340号	2020/4/24	股转系统
196	全国中小企业股份转让系统并购重组业务规则适用指引第1号——重大资产重组		2021/3/19	股转系统
197	全国中小企业股份转让系统重大资产重组业务指南第2号：非上市公众公司发行股份购买资产构成重大资产重组文件报送指南	股转系统公告〔2021〕1011号	2021/11/12	股转系统
198	全国中小企业股份转让系统股权激励和员工持股计划业务办理指南	股转系统公告〔2021〕1017号	2021/11/12	股转系统
199	全国中小企业转让系统优先股业务细则（试行）		2015/9/22	股转系统
200	全国中小企业股份转让系统可转换公司债券定向发行业务指南第1号——发行和挂牌	股转系统公告〔2021〕1004号	2021/11/12	股转系统

续表

序号	文件名称	文号	发文日期	发文机构
201	全国中小企业股份转让系统可转换公司债券定向发行业务指南第2号——存续期业务办理	股转系统公告〔2021〕1005号	2021/11/12	股转系统
202	关于发布《挂牌公司股票发行常见问题解答（三）——募集资金管理、认购协议中特殊条款、特殊类型挂牌公司融资》的通知	股转系统公告〔2016〕63号	2016/8/8	股转系统
203	关于发布《全国中小企业股份转让系统挂牌公司信息披露规则》的公告	股转系统公告〔2021〕1007号	2021/11/12	股转系统
204	关于发布《全国中小企业股份转让系统挂牌公司持续信息披露指南第2号——定期报告相关事项》的公告	股转系统公告〔2021〕1028号	2021/11/12	股转系统
205	关于在全国中小企业股份转让系统挂牌的沪深交易所退市公司重大资产重组监管问答		2017/12/20	股转系统
206	全国中小企业股份转让系统自律监管措施和纪律处分实施细则	股转系统公告〔2021〕1015号	2021/11/12	股转系统
七、评估准则和专家指引				
207	资产评估基本准则	财资〔2017〕43号	2017/8/29	财政部
208	资产评估职业道德准则	中评协〔2017〕30号	2017/9/13	中国资产评估协会

续表

序号	文件名称	文号	发文日期	发文机构
209	资产评估执业准则——资产评估报告	中评协〔2018〕35 号	2018/10/30	中国资产评估协会
210	资产评估执业准则——资产评估程序	中评协〔2018〕36 号	2018/10/30	中国资产评估协会
211	资产评估执业准则——资产评估档案	中评协〔2018〕37 号	2018/10/30	中国资产评估协会
212	资产评估执业准则——资产评估委托合同	中评协〔2017〕33 号	2017/9/13	中国资产评估协会
213	资产评估执业准则——利用专家工作及相关报告	中评协〔2017〕35 号	2017/9/13	中国资产评估协会
214	资产评估执业准则——企业价值	中评协〔2018〕38 号	2018/10/30	中国资产评估协会
215	资产评估执业准则——无形资产	中评协〔2017〕37 号	2017/9/13	中国资产评估协会
216	资产评估执业准则——不动产	中评协〔2017〕38 号	2017/9/13	中国资产评估协会
217	资产评估执业准则——机器设备	中评协〔2017〕39 号	2017/9/13	中国资产评估协会
218	资产评估执业准则——珠宝首饰	中评协〔2017〕40 号	2017/9/13	中国资产评估协会
219	资产评估执业准则——森林资源资产	中评协〔2017〕41 号	2017/9/13	中国资产评估协会
220	资产评估执业准则——资产评估方法	中评协〔2019〕35 号	2019/12/10	中国资产评估协会
221	企业国有资产评估报告指南	中评协〔2017〕42 号	2017/9/13	中国资产评估协会

续表

序号	文件名称	文号	发文日期	发文机构
222	金融企业国有资产评估报告指南	中评协〔2017〕43号	2017/9/13	中国资产评估协会
223	知识产权资产评估指南	中评协〔2017〕44号	2017/9/13	中国资产评估协会
224	以财务报告为目的的评估指南	中评协〔2017〕45号	2017/9/13	中国资产评估协会
225	资产评估机构业务质量控制指南	中评协〔2017〕46号	2017/9/13	中国资产评估协会
226	资产评估价值类型指导意见	中评协〔2017〕47号	2017/9/13	中国资产评估协会
227	企业并购投资价值评估指导意见	中评协〔2020〕30号	2020/12/7	中国资产评估协会
228	资产评估对象法律权属指导意见	中评协〔2017〕48号	2017/9/13	中国资产评估协会
229	专利资产评估指导意见	中评协〔2017〕49号	2017/9/13	中国资产评估协会
230	著作权资产评估指导意见	中评协〔2017〕50号	2017/9/13	中国资产评估协会
231	商标资产评估指导意见	中评协〔2017〕51号	2017/9/13	中国资产评估协会
232	文化企业无形资产评估指导意见	中评协〔2016〕14号	2016/5/13	中国资产评估协会
233	体育无形资产评估指导意见	中评协〔2022〕1号	2022/1/14	中国资产评估协会
234	金融不良资产评估指导意见	中评协〔2017〕52号	2017/9/13	中国资产评估协会

续表

序号	文件名称	文号	发文日期	发文机构
235	投资性房地产评估指导意见	中评协〔2017〕53 号	2017/9/13	中国资产评估协会
236	实物期权评估指导意见	中评协〔2017〕54 号	2017/9/13	中国资产评估协会
237	珠宝首饰评估程序指导意见	中评协〔2019〕36 号	2019/12/10	中国资产评估协会
238	人民法院委托司法执行财产处置资产评估指导意见	中评协〔2019〕14 号	2019/5/7	中国资产评估协会
239	资产评估准则术语 2020	中评协〔2020〕31 号	2020/12/7	中国资产评估协会
240	资产评估专家指引第 1 号——金融企业评估中应关注的金融监管指标	中评协〔2015〕62 号	2015/8/27	中国资产评估协会
241	资产评估专家指引第 2 号——金融企业首次公开发行上市资产评估方法选用	中评协〔2015〕63 号	2015/8/27	中国资产评估协会
242	资产评估专家指引第 3 号——金融企业收益法评估模型与参数确定	中评协〔2015〕64 号	2015/8/27	中国资产评估协会
243	资产评估专家指引第 4 号——金融企业市场法评估模型与参数确定	中评协〔2015〕65 号	2015/8/27	中国资产评估协会
244	资产评估专家指引第 5 号——寿险公司内部精算报告及价值评估中的利用	中评协〔2015〕66 号	2015/8/27	中国资产评估协会
245	资产评估专家指引第 6 号——上市公司重大资产重组评估报告披露	中评协〔2015〕67 号	2015/8/27	中国资产评估协会

续表

序号	文件名称	文号	发文日期	发文机构
246	资产评估专家指引第7号——中小评估机构业务质量控制	中评协〔2015〕68号	2015/8/27	中国资产评估协会
247	资产评估专家指引第8号——资产评估中的核查验证	中评协〔2019〕39号	2020/1/9	中国资产评估协会
248	资产评估专家指引第9号——数据资产评估	中评协〔2019〕40号	2020/1/9	中国资产评估协会
249	资产评估专家指引第10号——在新冠肺炎疫情期间合理履行资产评估程序	中评协〔2020〕6号	2020/3/12	中国资产评估协会
250	资产评估专家指引第11号——商誉减值测试评估	中评协〔2020〕37号	2021/1/4	中国资产评估协会
251	资产评估专家指引第12号——收益法评估企业价值中折现率的测算	中评协〔2020〕38号	2021/1/4	中国资产评估协会
252	资产评估专家指引第13号——境外并购资产评估	中评协〔2021〕31号	2021/12/31	中国资产评估协会
253	资产评估专家指引第14号——科创企业资产评估	中评协〔2021〕32号	2021/12/31	中国资产评估协会
八、其他				
254	存托凭证发行与交易管理办法	证监会令第143号	2018/6/6	中国证监会
255	上海证券交易所试点创新企业股票或存托凭证上市交易实施办法	上证发〔2018〕38号	2018/6/15	上海证券交易所
256	中华人民共和国证券投资基金法（2015年修正）	中华人民共和国主席令第23号	2015/4/24	全国人大常委会

续表

序号	文件名称	文号	发文日期	发文机构
257	公开募集基础设施证券投资基金指引（试行）	证监会公告〔2020〕54号	2020/8/6	中国证监会
258	上海证券交易所公开募集基础设施证券投资基金（REITs）业务办法（试行）	上证发〔2021〕9号	2021/1/29	上海证券交易所
259	上海证券交易所公开募集基础设施证券投资基金（REITs）规则适用指引第1号——审核关注事项（试行）	上证发〔2021〕10号	2021/1/29	上海证券交易所
260	上海证券交易所公开募集基础设施证券投资基金（REITs）规则适用指引第2号——发售业务（试行）	上证发〔2021〕11号	2021/1/29	上海证券交易所
261	深圳证券交易所公开募集基础设施证券投资基金业务办法（试行）	深证上〔2021〕144号	2021/1/29	深圳证券交易所
262	深圳证券交易所公开募集基础设施证券投资基金业务指引第1号——审核关注事项（试行）	深证上〔2021〕144号	2021/1/29	深圳证券交易所
263	深圳证券交易所公开募集基础设施证券投资基金业务指引第2号——发售业务（试行）	深证上〔2021〕144号	2021/1/29	深圳证券交易所
264	公开募集基础设施证券投资基金运营操作指引（试行）		2021/2/8	中国证券投资基金业协会
265	公司债券发行与交易管理办法（2021年修订）	证监会令第180号	2021/2/26	中国证监会

续表

序号	文件名称	文号	发文日期	发文机构
266	可转换公司债券管理办法	证监会令第 178 号	2020/12/30	中国证监会
267	公司信用类债券信息披露管理办法	中国人民银行 国家发展和改革委员会 证监会公告〔2020〕第 22 号	2020/12/25	中国人民银行、发展改革委、中国证监会
268	公开发行证券的公司信息披露内容与格式准则第 24 号——公开发行公司债券申请文件（2021 年修订）	证监会公告〔2021〕47 号	2021/12/23	中国证监会
269	关于上海证券交易所公开发行公司债券实施注册制相关业务安排的通知	上证发〔2020〕13 号	2020/3/1	上海证券交易所
270	上海证券交易所公司债券上市规则（2018 年修订）	上证发〔2018〕109 号	2018/12/7	上海证券交易所
271	上海证券交易所公司债券发行上市审核规则适用指引第 1 号——申请文件及编制（2021 年修订）	上证发〔2021〕27 号	2021/4/29	上海证券交易所
272	上海证券交易所公司债券发行上市审核规则适用指引第 3 号——审核重点关注事项	上证发〔2021〕24 号	2021/4/22	上海证券交易所
273	上海证券交易所公司债券自律监管规则适用指引第 1 号——公司债券持续信息披露	上证发〔2021〕26 号	2021/4/29	上海证券交易所
274	深圳证券交易所关于公开发行公司债券实施注册制相关业务安排的通知	深证上〔2020〕129 号	2020/3/1	深圳证券交易所

续表

序号	文件名称	文号	发文日期	发文机构
275	深圳证券交易所公司债券上市规则（2018 年修订）	深证上〔2018〕610 号	2018/12/7	深圳证券交易所
276	深圳证券交易所公司债券发行上市审核业务指引第 1 号——公司债券审核重点关注事项	深证上〔2021〕430 号	2021/4/22	深圳证券交易所
277	关于做好资产评估机构备案管理工作的通知	财资〔2017〕26 号	2017/8/1	财政部
278	加强资产评估行业联合监管若干措施	财办监〔2021〕7 号	2021/2/19	财政部
279	关于开展资产评估行业专项整治工作的通知	财资函〔2021〕12 号	2021/10/22	财政部
280	资产评估行业随机抽查工作细则	财资〔2016〕51 号	2016/10/26	财政部
281	资产评估机构职业风险基金管理办法	财企〔2009〕26 号	2009/3/3	财政部
282	中国资产评估协会会员管理办法	中评协〔2017〕29 号	2017/8/28	中国资产评估协会
283	资产评估执业质量自律检查办法	中评协〔2006〕98 号	2006/5/16	中国资产评估协会
284	中国资产评估协会会员信用档案管理办法	中评协〔2019〕26 号	2019/9/12	中国资产评估协会
285	中国资产评估协会会员执业行为自律惩戒办法	中评协〔2018〕23 号	2018/5/28	中国资产评估协会
286	评估机构内部治理指引	中评协〔2010〕121 号	2010/7/27	中国资产评估协会
287	资产评估机构首席评估师管理办法	中评协办〔2021〕33 号	2021/7/5	中国资产评估协会

续表

序号	文件名称	文号	发文日期	发文机构
288	中国资产评估协会执业会员继续教育管理办法	中评协办〔2019〕62号	2019/7/8	中国资产评估协会
289	中国资产评估协会投诉举报受理处理暂行办法	中评协办〔2021〕32号	2021/7/5	中国资产评估协会
290	中国资产评估协会会员申诉管理办法	中评协〔2018〕43号	2018/11/20	中国资产评估协会
291	中国资产评估协会资产评估业务报备管理办法	中评协〔2021〕30号	2021/12/24	中国资产评估协会
292	中评协关于推广应用电子签章的通知	中评协办〔2021〕4号	2021/1/15	中国资产评估协会